신세계의 강 **미시시피**

신세계의 강
미시시피

황금빛 물결이 탄생시킨 근대 미국 문명의 요람

베이징대륙교문화미디어 엮음 | 박한나 옮김

산수야

일러두기__

1. 외국 인·지명은 국립국어원의 외래어 표기 용례에 근거해 표기했다.
   단, 현지 발음에 충실하기 위해 외래어 표기 용례를 따르지 않은 것도 있다.
2. 중국 인·지명은 한국어 한자음에 따라 표기했다.

들 어 가 며

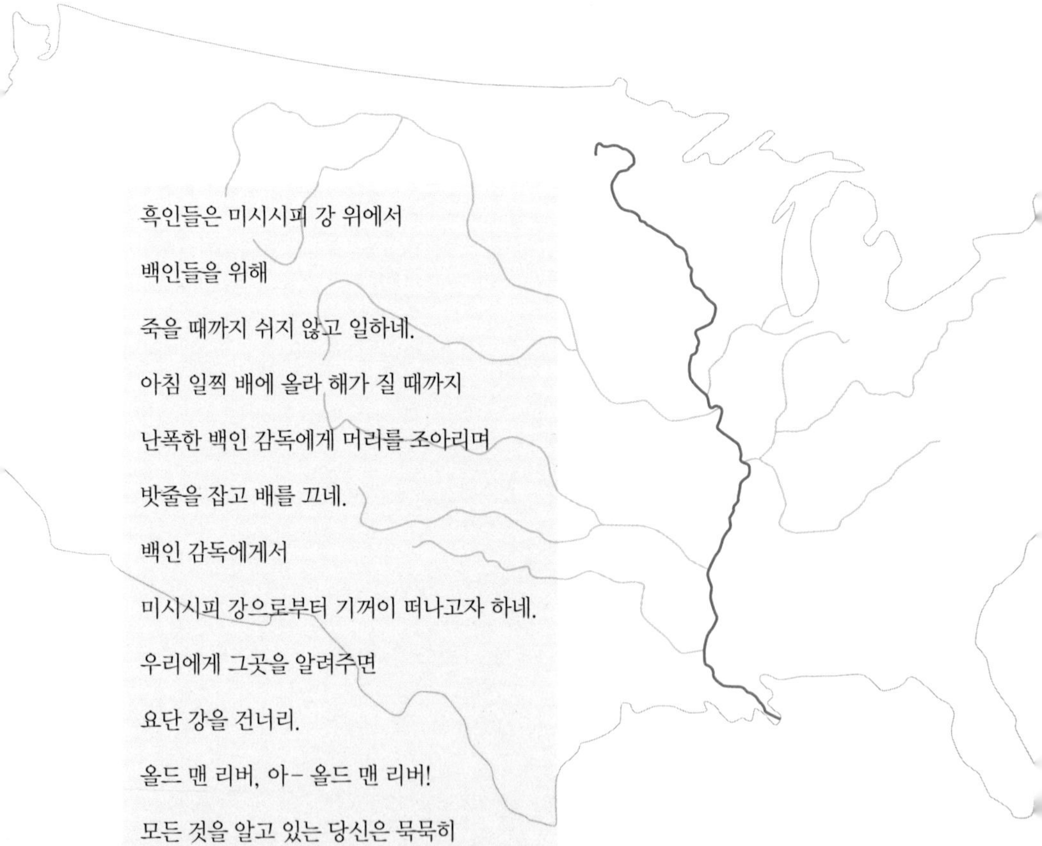

흑인들은 미시시피 강 위에서
백인들을 위해
죽을 때까지 쉬지 않고 일하네.
아침 일찍 배에 올라 해가 질 때까지
난폭한 백인 감독에게 머리를 조아리며
밧줄을 잡고 배를 끄네.
백인 감독에게서
미시시피 강으로부터 기꺼이 떠나고자 하네.
우리에게 그곳을 알려주면
요단 강을 건너리.
올드 맨 리버, 아- 올드 맨 리버!
모든 것을 알고 있는 당신은 묵묵히
굽이치며 흘러만 가는구나.

—올드 맨 리버

전 세계적으로 유명한 이 노래는 흑인 가수 폴 로브슨의 〈올드 맨 리버〉다. 이 노래는 전반적으로 흑인들의 분노와 무기력함으로 가득 차 있지만, 그 속에는 짧은 미국의 역사에 비해 유구한 미시시피 강에 대한 복잡한 심경 이 드러나 있다.

　미국 최대의 강인 미시시피는 남아메리카의 아마존 강, 아프리카의 나일 강, 중국의 양쯔 강과 더불어 세계 4대 강으로 불린다. 미시시피 강은 미국 서부에 위치한 로키 산맥의 북쪽 계곡에서 발원하여 북에서 남으로 아름답 고 풍요로운 생명력으로 대지를 적시며 미국 대평원을 가로질러 멕시코만 으로 흘러들어 간다.

　미시시피 강은 북미 대륙에서 가장 길고, 유역 면적이 가장 넓으며, 수량 이 가장 풍부해 '물의 아버지'로 불린다. 미 북부 위스콘신 주의 인디언인 알콩킨족이 강의 상류를 미시시피라고 부르는 데서 유래한 미시시피 강의 '미시'는 '큰', '시피'는 '물'을 뜻하며 '미시시피'는 '위대한 강' 혹은 '물 의 아버지'를 의미한다. 수천 년간 유유히 흘러온 '위대한 강' 미시시피는 아기에게 젖을 먹이듯이 강 유역의 사람들을 먹여 살렸다.

　신생 국가인 미국이 등장한 이후 미시시피 강은 남북 해운의 대동맥이

되어 매일 수많은 배를 곳곳으로 실어 날랐다. 바로 이 황금빛 물길이 미국의 번영과 발전에 더 없이 중요한 공헌을 한 셈이다. 미시시피 강의 거대한 풍요로움 속에서 세인트루이스, 멤피스, 뉴올리언스 등 많은 도시들이 생겨났다.

그 당시만 해도 미국은 동부 13개 주의 작은 나라에 불과했다. 하지만 세력이 점차 커지면서 서쪽으로 진출했고, 이때 그들의 시야에 미시시피 강이 들어왔다. 백년 가까이 서진 운동(미국 본토의 국경선 내에서 일어난 유럽인의 이주운동)을 펼치는 가운데 미시시피 강은 이민자들에게 토지와 물을 공급해서 그들이 광활한 평원에서 번성하면서 풍요롭게 살아갈 수 있는 토대를 제공했다.

미국 정치사에 있어서도 미시시피 강은 중요한 역할을 했다. 강 유역 토지는 남북전쟁이 일어나기 전 남북 양군이 격렬하게 쟁탈전을 벌이던 지역이었으며 전쟁이 발발한 후에는 양군이 이 지역을 차지하기 위해 필사적으로 전투를 벌였다. 그러니 미시시피 강의 진통 속에서 미국이 탄생했다고 해도 과언이 아니다.

세계의 유명한 강들과 비교했을 때 미시시피 강은 고대 문명을 창조하는

　데 특별한 역할을 하지 못한 것은 사실이다. 하지만 올드 맨 리버인 미시시피 강은 근대 미국 문명의 요람이라 불리기에 손색이 없다.

　200년이라는 짧은 기간 동안 미시시피 강은 링컨, 마크 트웨인, 헤밍웨이, 엘비스 프레슬리와 같은 위대한 인물들을 배출했다. 이 위인들의 이름 뒤에는 '대서특필'이라고 할 만한 이야기가 한가득 담겨 있다.

○ 와이오밍

1장 | 아메리카의 근원

미시시피 강은 유역면적 약 324만제곱킬로미터, 나일 강, 아마존 강, 양쯔 강에 이어 세계에서 네 번째로 긴 강이다. 미국의 50개 주(州)에서 31개 주가 포함될 뿐만 아니라, 캐나다의 서스캐처원 주와 앨버타 주의 일부까지 포함하기 때문에 국제하천이라 불린다. 미시시피라는 이름은 아메리카인디언의 '위대한 강'이라는 말에서 온 것이다. 세계의 유명한 강들과 비교했을 때 역사는 짧지만 근대 미국 문명의 요람이라 불리기에 손색이 없는 미시시피 강은 세계 최초의 국립공원인 옐로스톤과 세계 최대의 석상으로 미국 7대 불가사의 중 하나인 러시모어산 대통령 조각상을 품고 유유히 흐르고 있다.

아름다운 경치를 뽐내고 있는 미주리 강.
미시시피 강의 출발점은 지류인 미주리 강의 발원지,
로키 산맥에 자리한 옐로스톤 국립공원 부근이다.

미시시피 강은 나일 강, 아마존 강, 양쯔 강과 더불어 세계 4대 강으로 불린다. 미시시피 강이 발견됐을 당시에 사람들은 강의 수원이 캐나다와 미국의 국경 지역에 있는 이타스카 호수일 거라고 추측했다. 그러나 정밀하게 지리를 탐측한 결과 미시시피 강의 진짜 수원은 지류인 미주리 강의 발원지, 다시 말해 미국 서북 지역의 로키 산맥에 자리한 옐로스톤 국립공원 부근이라는 사실을 밝혀냈다. 이로써 미시시피 강은 전체 길이 6,270킬로미터로 세계에서 네 번째로 긴 강이 됐다.

미시시피 강 전체로 보면 길이 4,130킬로미터인 미주리 강이 상류라고 할 수 있다. 미주리 강은 로키 산맥을 가르며 지나가는데, 긴 머리를 땋아 내린 것처럼 지류가 복잡하게 얽히면서 수려한 경관을 자랑하는 골짜기를 형성하고 있다. 밀크 강 입구에서 수시티까지 미주리의 구릉성 고원을 지나는데, 하곡이 깊고 좁으며, 수시티 이하 하류는 평원 지대로 흘러가며 하천 바닥이 구불구불해져서 양쪽으로 거대한 늪을 형성하고 있다. 이 지역으로 흘러드는 모래의 양은 매년 3억 1,000만 톤에 달해 바다로 흘러가는 미시시피 강의 전체 토사량의 75퍼센트를 차지한다. 이 때문에 과거 미국인들은 미주리 강을 '난폭한 빅 머디'라고 불렀다.

북 미 의   척 추   로 키   산 맥

광활한 북미 대륙의 서부에 위치한 로키 산맥은 거대한 용처럼 웅장한 자태로 그 위용을 뽐내고 있다. 북에서 남까지 전체 길이가 4,800킬로미터에 달하며, 알래스카에서 멕시코까지 이어져 있어 북아메리카의 '척추'라고 불린다.

광대한 크기에 비해 식생이 많지 않은 로키 산맥은 인디언 마을에서 그 이름을 얻었다. 18세기 영국 식민지배자들이 캐나다 아시니보인 지역에 도착했을 때 현지 인디언 부락 이름이 '로키'였고, 이 지역의 산이 식물이 거의 없는 민둥산이어서 '로키 산'이라고 부른다는 것을 알게 되었다.

지질학자들에 의하면 로키 산맥은 원래 거대한 지향사 지대였고 초기 백악기까지 얕은 바다였다. 제3기에 대규모의 조산 운동과 화산 폭발이 발생해 강한 습곡과 압축 작용이 일어났고, 산맥이 다시 융기하면서 높은 화강암 산계를 형성했다. 제4기에는 빙하 작용으로 험준한 산봉우리가 형성됐

웅장한 장관을 자랑하는 로키 산맥. 수많은 높은 봉우리, 넓은 골짜기, 험준한 협곡, 맑은 호수 등
수려하고 웅장한 산악미로 전 세계의 여행객들을 불러 모은다.

고 서크cirque(웅덩이 모양의 지형)와 U자형 협곡 등 빙하 침식에 의한 지형적
특징이 나타났으며, 오랫동안 지각 운동이 일어난 끝에 지금의 로키 산맥
형태가 드러나기 시작했다.

　로키 산맥은 분포 범위가 매우 넓어서 남북의 각 지역 차이가 분명하며,
대략 세 부분으로 나뉜다.

① **남부 로키 산맥** : 와이오밍 분지 남쪽 혹은 북 플랫 강 상류 동쪽 강변의 남쪽
　　산지를 말한다. 이 지역의 산지는 대부분 남북 방향으로 나란히 나열되어 있
　　으며 험준한 산봉우리가 빽빽하게 늘어서 있고 초목이 울창하다. 또한 산간
　　곳곳에서 맑고 깨끗한 개울을 볼 수 있으며 야생화가 피어 있고 새들이 지저

귀는 수려한 장관을 자랑한다. 이곳의 산세는 전기 캄브리아기의 결정암으로
구성되어 있고, 해발 4,000미터 이상인 산 중에서 앨버트 산이 로키 산맥의
최고봉이다. 산꼭대기에는 열악한 날씨 탓에 일 년 내내 눈이 쌓여 있고 기이
한 모양의 서크와 살얼음을 형성해 장관을 이룬다. 남부 로키 산맥에는 광물
이 풍부하게 매장되어 있다. 가장 먼저 발견된 것은 금광이다. 이 때문에 수
많은 사람들이 부자가 될 꿈에 부풀어 모여들었다. 이 지역의 금광은 사람들
의 인생에 큰 영향을 미쳤다. 어떤 사람은 기적을 경험했고 어떤 사람은 좌절
을 겪었으며 어떤 사람은 목숨까지 잃었다. 이런 일들 역시 미국 서부 지역의
발전에 어느 정도 작용을 했다. 나중에 구리 광산과 은광이 추가로 발견됐지
만 수년간 채굴한 탓에 대부분이 고갈되었다.

② **중부 로키 산맥** : 고원을 중심으로 중간은 지괴 산지(둘레가 단층으로 경계 지
어진 산지)를 이루고 있다. 지질 구조가 복잡하고 화산의 영향이 커서 간헐천
(일정한 간격을 두고 뜨거운 물이나 수증기를 뿜어내는 온천)이 많이 형성되어
있다. 옐로스톤 국립공원의 '올드 페이스풀'은 세계적으로 유명한 간헐천이

로키 산맥에는 아름다운 호수가 많다.
눈 덮인 장엄한 산봉우리와 기이한 모양의 서크와
U자형 협곡 등이 호수와 함께 절경을 이룬다.

다. 중부 산맥에는 거대한 와이오밍 분지가 있는데, 고산이 사방을 둘러싸고 있고 기후가 건조해 연간 강우량이 350밀리미터도 되지 않는다. 풀 한 포기도 자라기 어려운 환경으로 반사막지대에 속한다.

③ **북부 로키 산맥** : 옐로스톤 국립공원 북부에서 캐나다 국경 내 산지를 포함한다. 과거 이 지역에서도 빙산 활동이 활발하게 일어나 특수한 지형을 형성하고 있다. 산맥은 주로 수성암으로 구성되어 있고 평탄한 고원 대신 장엄한 봉우리와 'U'자형 산이 자리 잡고 있다. 복잡한 지형 구조와 강한 화산 작용으로 이 지역은 풍부한 비철 금속을 매장하고 있다. 미국의 2대 구리 광산이 이 지역에 있으며 연간 채굴량은 200만 톤 이상이다. 은, 알루미늄, 아연 등 광석 생산량도 미국 전체의 절반을 차지한다.

로키 산맥의 웅장한 장관과 독특한 풍경 덕분에 미국 정부는 일찍부터 이 지역에 옐로스톤 국립공원, 글레이셔 국립공원, 그랜드티턴 국립공원을 조성해 많은 여행객들의 발길을 끌었다. 이중에서도 옐로스톤 국립공원은 세계적으로 독특한 역사적 지위를 차지하고 있을 뿐만 아니라 미주리 강의 발원지라는 사실로 더욱 주목을 받고 있다.

세 계 첫 국 립 공 원 옐 로 스 톤

1872년 3월 1일, 미국 대통령 율리시스 심슨 그랜트(1822~1885, 18대, 재임 1869~1877)가 의회에서 제출한 한 의안에 정중하게 서명했다. 이 의안에 따라 미국은 로키 산맥에 세계 첫 국립공원을 조성하게 되었다. 이것이 바로 그 유명한 옐로스톤 국립공원이다.

옐로스톤 국립공원은 북부 로키 산맥과 중부 로키 산맥 사이의 용암 고원에 자리 잡고 있다. 대부분 와이오밍 주의 북서부에 위치해 있으며 최고 해발 높이가 2,438미터이고 면적은 8,956제곱킬로미터에 달한다. 옐로스톤 강과 옐로스톤호가 중간에 자리 잡고 있으며, 협곡과 폭포와 간헐천 등 수려한 풍경으로 사람들에게 큰 사랑을 받는 관광지가 되었다.

옐로스톤 국립공원이 자리 잡고 있는 지역은 1만여 년 전에는 인디언의 수렵지였다. 19세기 초에는 쇼쇼니족과 다른 인디언들이 이 땅에서 수렵을 하거나 흩어져서 거주하고 있었다. 1806년 탐험가인 존 콜터가 이끄는 탐험대가 대륙을 횡단해서 태평양 연안에 도착했다. 이때 이 지역을 지나

율리시스 S. 그랜트(1822년 4월 27일~1885년 7월 23일) 미국의 제18대(1869년~1877년) 대통령 이자 장군이다. 오하이오 주에서 가죽 가공업자의 아들로 태어나 1843년 미국 웨스트포인트 사관학교 를 졸업하고 남북전쟁이 터진 후 서부 전선에서 군대를 이끌었다. 1864년 3월 연방군 사령관에 임명 되어 육군 중장급을 받았다. 1865년 4월 2일 남부 동맹 수도인 리치먼드를 공격해 4월 9일 아포머톡 스에서 남부군의 투항을 받아냈다. 1866년 4월 육군 상장으로 진급했고, 1867년 8월부터 1868년 1월 까지 육군 장군 대리를 지냈다. 1869년부터 1877년까지 재선하여 8년간 미국 대통령을 지냈다.

세계 첫 국립공원으로 탄생한 옐로스톤 국립공원.
광대하고 아름다운 자연경관, 독특한 지질과 지형, 야생동물의 천국인
옐로스톤 국립공원은 유네스코 자연유산으로 등재되어 보호받고 있다.

간 존 콜터 탐험대는 지금까지 이 지역을 탐험한 첫 백인들로 기록되어 있다. 재미있는 것은 콜터가 사람들에게 옐로스톤 공원의 분수와 지열 등 기이한 경관을 설명했을 때 아무도 믿지 않았고 '콜터의 지옥'이라며 놀렸다는 사실이다. 하지만 얼마 뒤에 사냥꾼들과 광산 탐험자들도 이곳을 발견했다. 1859년, 전설적인 인물인 짐 브릿저가 처음으로 정부의 허가를 받아 탐험대를 이끌고 옐로스톤으로 갔다.

시간이 흐르면서 옐로스톤 공원의 진가는 드러나기 시작했다. 1870년, 워시번-랭포드-던 탐험대가 다시 이곳을 찾았다. 옐로스톤을 찾아간 탐험대 가운데 최대 규모였다. 옐로스톤 공원의 올드 페이스풀은 바로 이 탐험대가 발견했으며 랭포드는 훗날 옐로스톤 공원 설립에 지대한 공헌을 했다. 이 탐험이 있은 지 얼마 뒤에 법률가 코넬리우스 헤지스가 '이 땅은 새로운 국가의 모든 국민에게 속한 보물'이라는 놀라운 견해를 내놓았다.

이러한 견해를 받아들여 1871년, 국가에서 정식으로 지질탐사대를 파견해서 옐로스톤을 조사하기 시작했다. 유명한 지질학자인 하이든을 대장으로 한 탐사대는 법률가 헤지스의 제안을 지지한다는 성명을 발표했다. 하이든 역시 1859년 짐 브릿저가 이끄는 정부탐험대의 일원이었다. 반대의 목소리가 높았지만, 공공 토지를 연방 정부에 넘긴다는 의안이 그 해 의회에 제출되었고 얼마 뒤에 통과되었다. 1872년 3월 1일, 마침내 그랜트 대통령이 의안에 서명하기에 이르렀다. 세계의 첫 국립공원이 탄생하는 역사적인 순간이었다. 이로써 옐로스톤은 세계 최초, 최고의 국립공원이자 세계 최고의 장관을 자랑하는 국립공원이 되었다.

1872년 3월 1일, 미국 의회 법안에 따라 옐로스톤 국립공원이 조성된 것은 국민들의 이익을 위해 대중의 공원 및 여가 장소를 마련하기 위해서였

1 2

1 옐로스톤 국립공원은 동물들의 낙원이다.
철마다 야생화로 덮이는 대초원 곳곳에서는 버펄로라 불리는 아메리카 들소,
고라니, 곰, 사슴 등 많은 야생동물들을 볼 수 있다.
2 옐로스톤 국립공원에서 가장 유명한 올드 페이스풀.
규모가 크고 규칙적인 간헐천의 멋진 경관 때문에 많은 관광객들이 즐겨 찾는 곳이다.

다. 또한 옐로스톤 지역이 가지고 있는 수목, 광석, 자연 경관 및 기타 풍물 등을 파괴하지 않고 자연 상태 그대로 보존하려는 목적도 있었다.

지질학자들은 옐로스톤 공원이 약 200만 년 전 화산 폭발로 탄생했다고 말한다. 탁 트인 화성암 고원에는 산들이 구비구비 이어져 있고 카르스트, 용암유동층, 흑요석(화산유리) 산 등 특색 있는 지형물도 많다.

옐로스톤 국립공원의 자연 경관은 다섯 지구로 나뉜다. 매머드 지구, 루스벨트 지구, 협곡 지구, 간헐천 지구, 호수 지구다. 이 다섯 지구는 저마다 특색을 갖추고 있지만, '지열'이라는 공통적인 특징을 가지고 있다. 옐로스톤 국립공원 내에는 1만여 개의 온천이 있으며, 그중에 간헐전은 300여 개에 이른다.

라이온 간헐천은 물기둥이 솟기 전에 사자 울음소리가 나며 에메랄드 간헐천은 물빛이 맑은 파란색이다. 사람들이 가장 많이 찾는 올드 페이스풀은 규칙적으로 물을 분출하는 것으로 유명하다. 올드 페이스풀은 약 70분

마다 한 번씩 물을 뿜어내는데, 4분간 40~50미터 높이에 달하는 뜨거운 물기둥을 분출한다.

공원 내의 도로는 800킬로미터, 오솔길은 1,600킬로미터가 넘고 옐로스톤호, 쇼숀호, 스네이크 강, 옐로스톤 강이 그 사이에 자리 잡고 있다. 공원은 사방으로 커스터, 쇼숀, 티턴, 타기, 비버헤드, 갤러틴 국립산림지에 둘러싸여 있다.

옐로스톤 국립공원의 또 다른 명물은 옐로스톤 강이다. 강은 옐로스톤 협곡에서 분출하여 옐로스톤 공원을 지나 몬태나 주로 흘러들어 간다. 옐로스톤 강은 산맥을 갈라 신비한 매력을 발산하는 옐로스톤 그랜드캐니언을 빚어냈다. 태양 아래에서 양쪽 협곡의 색깔이 오렌지색에서 주황색으로 점차 변화하는 모습을 보여주어 마치 2개의 오색 비단 끈이 구불구불 얽혀 있는 것 같다. 공원의 지세가 높기 때문에 옐로스톤 강과 지류는 협곡 아래로 깊이 떨어지며 폭포를 형성해 장관을 이룬다.

또한 옐로스톤 국립공원은 미국 최대의 야생동물 보호소이자 유명한 야생동물원이다. 야생동물 약 300여 종, 어류 18종, 조류 225종이 서식하고 있다. 회색곰, 쿠거, 회색늑대, 검독수리, 엘크, 흰꼬리사슴, 버팔로, 영양 등 2,000종이 넘는 동물이 이곳에 살고 있다. 그래서 옐로스톤 국립공원에 와 본 사람들은 "옐로스톤에 와 보지 않고는 세상의 아름다움을 논할 수 없다"며 감탄해 마지않는다. 미국의 유명한 서부 촬영 작가인 잭슨은 여러 번 옐로스톤을 방문했다. 그가 찍은 아름다운 풍광을 담은 사진은 당시 미국 정부의 마음을 움직였고 옐로스톤이 국립공원으로 지정되는 데 커다란 공헌을 했다.

1872년에 옐로스톤이 국립공원으로 지정된 이래 약 6,000여 만 명의 사람들이 이곳을 방문했다. 20세기 초, 미국의 탐험가 중 한 사람이 옐로스톤 공원을 이렇게 묘사했다.

"나라마다 자연 경관이 다르고 자라는 식물이 다르겠지만, 어머니인 대지는 언제나 다정하고 포근하며 변함이 없다. 하지만 이곳의 대지는 크게 변해 마치 또 다른 세상에 와 있는 것 같은 느낌을 준다. 마치 지구가 자신의 끊임없는 창조력을 시험하고 있는 듯하다."

1978년, 옐로스톤 국립공원은 인류의 보고인 유네스코 자연유산으로 지정되었다.

옐로스톤 국립공원 지역은 강수량이 풍부해서 큰 강들의 발원지가 되고 있다. 수많은 호수가 햇살 아래 빛나고, 이런 호수들이 서로 합쳐져서 크고 작은 강물과 시냇물을 이룬다. 험준한 바위 사이에 난 물길이나 빽빽한 숲 속에 난 물길이 큰 강으로 흘러가 자연스럽게 동쪽과 서쪽으로 나뉘어 흘러서 대서양과 태평양의 일부가 된다. 미시시피 강의 상류인 미주리 강이 바로 여기에서 시작되었다.

세계의 유명한 강들과 비교했을 때 미시시피 강은 고대 문명의 창조에 기여한 바가 적은 것은 사실이지만, 이 지역에서 많은 기적이 일어났다는 것은 인정해야 한다. 기적의 역사가 짧기는 하지만 젊은 피인 아메리카 민족이 눈부신 창조력을 가졌다는 것은 충분히 입증되었다. 와이오밍 주 미주리 강의 발원지인 옐로스톤 국립공원이 대자연의 걸작이라면, 사우스다코타 주의 러시모어산 대통령 조각상은 인간이 만들어낸 기적이라고 할 수 있다.

미국 사우스다코타 주 내에는 해발 1,800미터가 넘는 러시모어산이 있다. 1923년 역사학자 조나 로빈슨은 이 지역을 돌아보던 중 문득 산 정상에 거대한 조각을 새겨야겠다는 생각을 하게 되었다. 당시 그는 서부 카우보이의 모습을 새겨서 관광객을 끌어들일 계획이었다. 자신의 생각을 구체화하기 위해 그는 유명한 조각가 거츤 보글럼(1867~1941)에게 도움을 청했다.

1924년 가을에 로빈슨은 보글럼에게 편지를 써서 블랙힐스의 암석을 이용해 사우스다코다 주를 관광 명소로 만들 수 있을지 살펴봐 달라고 부탁했다. 지형을 살피러 온 보글럼은 화강암으로 이루어진 러시모어산이 산지 위쪽에 위치해 햇빛을 한가득 받고 있는 것을 보았다. 이 풍경을 보고 보글럼은 단번에 미국의 중요 인물을 조각하기로 결정했다. 하지만 이곳의 화강암은 너무 단단해서 조각하기에는 적합하지 않았다.

보글럼이 세운 조각 일정 계획에 사우스다코다 주 정부가 동의를 표하자, 그는 미국 대통령 4명을 조각하기로 결정했다. 그리고 1925년에 미국 연방 정부가 조각 프로젝트 특별 예산을 편성하는 데 의견을 모았다.

1927년 8월 10일, 당시 대통령 캘빈 쿨리지가 러시모어산 봉우리를 국립기념지로 지정한다고 발표하는 동시에 조각 프로젝트가 착수되었다. 당시 보글럼은 예순을 넘겼지만 그의 모든 열정을 이 역사적인 예술 프로젝트에 쏟았다. 조각상의 틀을 뜨기 위한 설계만 9차례나 바꿨고, 자금과 날씨 등으로 전체 프로젝트는 진행과 멈추기를 반복했다. 프로젝트 착공 당시 자금은 개인 후원으로 충당되었고 연방 정부는 나중에서야 재정적 지원을 제공했다. 이때 개인 및 정부 자금으로 백만 달러가 소요되었다. 경비 부족과 기후 악화로 공사는 자주 중단되었기 때문에 전체 공사 기간은 14년이나 걸렸지만, 이중에서 실제 공사 기간은 6년 6개월밖에 되지 않았다.

1927년, 보글럼이 공사에 착공한 뒤 얼마 지나지 않아 미국에 대공황이 닥쳤다. 경제적으로 큰 어려움을 겪던 시기였기 때문에 많은 사람들이 일

캘빈 쿨리지(1872~1933, 30대, 재임 1923~1929) 1899년 정계에 입문해 시장, 주 사원의원, 부주지사를 지냈다. 1918년 주지사로 당선되었다. 1920년 공화당 부통령 후보로 지명되어 하딩과 함께 경선에서 승리했다. 1923년 8월 2일, 하딩이 돌연 사망해 쿨리지가 대통령직을 승계했다. 쿨리지 시대는 국가가 크게 발전하던 시기여서 '쿨리지 번영기'라고 불리고 있다.

자리를 잃었다. 러시모어산에서 공사가 시작될 즈음, 할 일이 없던 이 지역 사람들은 어떤 일이든지 하겠다며 보글럼을 찾아왔다. 그래서 그는 이들에게 공사에 관한 교육을 실시한 뒤에 동고동락하며 조각 공사를 진행시켰다. 이후 10년간 400명에 달하는 현지 사람들이 산 정상에서 먹고 자며 작업에 매달리게 되었다.

조각 프로젝트는 본격적인 공사에 들어가기 전에 예술가가 먼저 1대 10 비율의 설계도를 제작했다. 설계도가 통과되기를 기다리면서 그 구도안에 따라 실물의 1/12 크기로 두상안을 각각 제작했고, 이에 따라 석고상을 만들었다. 이후 수평 막대를 이용해 수직 측량을 한 다음에 석고상의 얼굴과 조각을 새길 산의 기준점을 측정했다. 10미터에 달하는 기중기로 기준점을 12배로 확대해 산 벽에 위치를 정하면 작업을 담당하던 인부들은 수동으로 조작하는 승강기에 올라서서 선을 그리고 조각을 했다. 산 벽을 조각할 때는 칼이나 끌로 조각하지 않고 기준점에 맞춰 폭파하고 천공기와 폭약을 이용해 선을 미리 그려둔 부분을 조금씩 부수는 방법으로 조각을 했다.

어려운 국내 경제와 맞물리면서 작업이 진행되는 도중에 자금은 바닥났고, 암층 두께가 충분하지 않거나 균열 현상이 나타나는 등 자연 조건을 제대로 탐측하지 않아 여러 가지 문제들이 생겨났다. 이 때문에 공사는 진행과 중단을 반복해 많은 시간을 허비했다.

높고 거대한 상을 조각할 때는 공기압축식 드릴을 이용해 눈대중으로 폭약을 장전해야 한다. 이때는 반드시 사전에 정확하게 계산해서 10센티미터 이상의 보호층을 남겨두어야 하며, 불필요한 암석 부분을 폭파해서 산봉우리 전체가 기념비 모습을 갖추도록 윤곽을 잡아주어야 한다. 큰 면적

사우스다코타 주에 있는 러시모어산 대통령 조각상.
미국 조각 예술사상 걸작일 뿐 아니라 세계 최대의 석상으로 미국 7대 불가사의 중 하나다.

1 미국 대통령 쿨리지. 그가 러시모어산 봉우리를 국립기념지로
　지정한다고 발표함과 동시에 조각 프로젝트가 착수되었다.
2 러시모어산 대통령상 조각 프로젝트 진행자인 거츤 보글럼이 그의 동료들과 대화하고 있다.

의 암층을 제거한 후 세세한 부분과 중요한 부분은 끌과 망치를 이용해 조
각하고, 다음 단계에서는 작은 증기 망치로 수정하고 다듬는다. 작업을 진
행하면서 바위에서 떨어져 나간 암석 파편의 양은 무려 45만 톤이 넘었다.
러시모어산의 조각 구도안은 산을 구성하고 있는 화강암이 균열되거나 부
서지는 등의 문제가 나타나 여러 번의 수정을 거쳐야만 했다.

　1930년 7월 4일, 가장 먼저 워싱턴상이 완성되었다. 그리고 제퍼슨상을
조각할 때는 큰 문제가 발생해 조각상의 위치를 변경한 뒤인 1936년 8월
30일에야 완성되었다. 이후 1937년 9월 17일에 링컨상이 완성되었고,
1939년 7월 2일에 루스벨트상이 완성되었다. 4개의 조각상이 완성된 후
보글럼은 조각상들의 윤곽을 부드럽게 연결시켜 전체적인 조화를 이루도
록 다시 다듬는 과정에 돌입했다. 그런데 1941년 3월 6일, 공사가 완성될
즈음 보글럼이 세상을 떠나고 말았다. 그의 아들 링컨 보글럼이 아버지의
작업을 이어받아 1941년 말, 마침내 세계가 주목하고 있던 대공사를 마무

1 대통령상 조각 프로젝트를 위해 많은 사람들이 산 정상에서 생활하며 작업에 매달렸다.
2 작업을 하고 있는 보글럼. 당시 그가 얼마나 고생을 많이 했을지 짐작할 수 있다.
큰바위 얼굴이 완성될 즈음 세상을 떠난 그를 대신해
아들인 링컨 보글럼이 작업을 마무리했다.

리 지었다.

사우스다코타 주는 먼 곳에서도 뚜렷하게 보일 정도로 규모가 어마어마
한 이 조각상 때문에 유명세를 얻을 수 있었다. 러시모어산 정상에는 미국
인들의 존경을 한 몸에 받는 조지 워싱턴(1732~1799, 초대, 재임 1789~
1797), 토머스 제퍼슨(1743~1826, 3대, 재임 1801~1809), 시어도어 루스벨트
(1858~1919, 26대, 재임 1901~1909), 에이브러햄 링컨(1809~1865, 16대, 재임
1861~1865) 대통령 조각상이 있다. 이 조각상은 각각 높이가 18미터다. 이
높이는 이집트 피라미드의 스핑크스 두상의 2배다. 코의 길이는 6미터로
대통령 저마다의 표정과 특징을 생동감 있게 묘사했다.

워싱턴상의 두상은 입체적으로 조각되었고 옷깃에서부터 부조의 형태가
보인다. 오른쪽 옷깃은 부조선처럼 새겨져 원래의 산 형태가 그대로 남아
있고 왼쪽 옷깃도 부조로 새겨져 어깨와 가슴 부분은 산 형태로 인해 거칠
게 조각되어 있다. 이 때문에 전체 조각의 머리 부분이 돌출되어 있어 확연

히 집중되어 보인다. 먼 곳을 바라보고 있는 시선과 입을 꼭 다문 채 단호한 의지를 담은 표정은 마치 승리에 강한 자신감을 가지고 있는 듯하다. 유일하게 워싱턴 조각상만 흉상까지 조각되었고, 나머지 3명의 조각상은 두상만 조각되었다.

제퍼슨상은 워싱턴 조각상 왼쪽에 있다. 제퍼슨은 '미국 독립선언'의 초안자 중 한 명으로, 조각상에는 미국 국민과 민주 혁명의 선구자로서의 풍채와 지혜가 드러나 있다. 그의 머리카락은 구불거리고 앞이마는 튀어나왔으며 두 눈이 빛나고 생기가 넘친다. 또한 얼굴 부분이 살짝 들춰져서 여유로운 표정 속에서 과감함과 강인함을 엿볼 수 있다.

루스벨트 조각상은 제퍼슨상의 왼쪽을 차지하고 있다. 그와 링컨의 조각상은 얼굴 부분만 조각되었고 머리 뒷부분은 산과 하나로 이어져 있다. 루스벨트 두상의 아래턱은 살짝 들어가 있으며 입술 위의 콧수염은 굵고 짙다. 두 눈은 깊이 들어가 있고 얼굴 윤곽이 뚜렷하고 안경을 쓰고 있어 워싱턴, 제퍼슨의 강인한 모습과는 선명한 대비를 이루고 있다. 목이나 흉부는 조각되지 않았다.

조각상 중 가장 왼쪽에 있는 것이 링컨 두상이다. 미국 흑인과 빈민층 국민들의 추대를 받던 위대한 인물인 링컨 조각상은 그의 엄숙하고 진지한 성격을 그대로 담고 있다.

거대한 조각상들은 각각의 성격을 그대로 드러낼 뿐만 아니라, 통일된 구도 속에서 조화를 이루고 있다. 예술적인 감각에 따라 루스벨트를 링컨 오른쪽에 배치해 그와 양 옆의 조각상이 더욱 선명한 대비를 이루도록 했다. 네 조각상이 한 곳을 바라보고 있는 것은 아니지만, 모두 먼 곳을 바라보고 있고 비슷한 높이에 배치되어 있다. 왼쪽 세 조각상의 목 부분 이하는

가로선이 하나로 연결되어 있어서 어깨선이 감춰져 있고, 조각상끼리 유기적으로 통일되어 형태와 표정이 서로 잘 어우러진다.

전체적인 구도에서 살펴보면 네 조각상은 산에서 막 튀어나온 것처럼 보인다. 산이 곧 조각상이고 조각상이 곧 산인 것처럼 말이다. 그리고 조각상은 주위의 아름다운 경치와 하나로 어우러져 유명한 관광지가 되었다. 매년 300만 명이 넘는 관광객이 세계 각지에서 조각상을 구경하기 위해 방문한다. 하지만 조각상이 훼손되는 것을 막고 그들에게 존경의 뜻을 표하기 위해 러시모어산을 등산하는 것은 금지되어 있다. 매년 6월에서 9월까지는 밤에도 걸작품을 감상할 수 있도록 조명을 설치해 불빛 아래에서 낮과는 다른 조각상의 정취와 색다른 예술적 효과를 맛볼 수 있다.

많은 사람들이 평가하는 것처럼 이 네 조각상은 미국 조각 예술사상 걸작일 뿐 아니라 세계 최대의 석상이다. 그래서 러시모어산의 조각상은 미국 7대 불가사의 중 하나로 손꼽히고 있다.

미국 7대 불가사의 러시모어산 대통령 조각상, 캘리포니아 금문교, 콜로라도 강의 후버 댐, 뉴욕 시의 자유의 여신상, 휴스턴 시의 존슨우주센터, 디즈니랜드, 미주리 주의 세인트루이스 아치.

캔자스

2장 | 남북전쟁의 씨앗 캔자스

미주리 강과 미시시피 강이 만나기 직전에 놓여 있는 비옥한 대지인 캔자스 주에서 미국은 농업과 공업 등 모든 분야에서 눈부신 발전을 거듭했다. 그러나 바로 이곳에서 미국 역사상 가장 큰 내전인 남북전쟁이 발생했다. 이때 모든 흑백 갈등은 캔자스 주에 집중되었지만 젊은 국가 미국이 탄생하면서 생기로 가득 찬 미시시피 강은 새로운 문명의 상징인 위대한 인물, 헤밍웨이를 배출시켰다. 문화 분야에서 가장 빛나는 인물이었던 헤밍웨이는 지금도 미국의 보물이자 인류 정신문명의 상징으로 칭송받고 있다.

영국 식민주의의 질곡에서 벗어난 지 얼마 되지 않아 캔자스 주에서는
미국 역사상 가장 규모가 큰 내전이 발생했다.

발원지에서부터 아름다운 경관을 빚으며 출발한 미주리 강은 로키 산맥을
뒤로하고 남쪽으로 끝없이 펼쳐진 대평원으로 흘러들어 간다. 백인들이
애팔래치아 산맥을 넘기 전, 이 비옥하고 광활한 토지는 인디언의 낙원이
었다. 하지만 미국 독립전쟁이 승리를 거두고 서진 운동을 펼치면서 토착
민들은 그들이 살던 낙원을 떠나야 했다. 백인들은 끊임없이 이 지역으로
유입되었고, 미주리 강물을 공급받아 더욱 비옥해졌다. 이곳에서는 농업,
공업, 산업할 것 없이 큰 발전을 이루었다. 하지만 미국의 정치가들은 영국
식민주의의 질곡에서 벗어난 지 얼마 되지 않아 미주리 강과 미시시피 강
이 만나기 직전에 놓여 있는 이 대지에서 미국 역사상 가장 규모가 큰 내전
과 맞닥뜨리게 되었다. 이때 모든 갈등은 캔자스 주에 집중되었고 미국 남
북전쟁 당시 노예제 폐지를 외치던 게릴라들이 캔자스 주에서 주로 나타났
기 때문에 캔자스 주는 '게릴라 주'라고도 불린다.

남 부   노 예 제

세계에서 가장 모범적인 민주주의 국가라고 불리는 미국에서 200년 넘게
노예제가 존재했다는 사실은 모순적이다.

아메리카 신대륙에 도착한 메이플라워호가 처음으로 이 대륙에 흑인을
데리고 왔다. 당시는 노동력이 매우 부족했기 때문에 백인들은 흑인 노예
를 끌고 와서 노동력을 충원하려고 했고, 17세기 후반에는 북아메리카 대
륙에서 시작된 흑인 노예제도가 각 식민지로 퍼져 나갔다. 노예제가 사회
적인 제도로 자리 잡자, 백인들은 이 제도를 이용해 흑인 노예에 대한 절대

메이플라워호   영국 이민자들이 처음으로 북아메리카 대륙으로 타고 온 배. 프로테스탄트가 이 배를
타고 북아메리카에 도착한 후 플리머스 식민지를 구축하고 배 위에서 '메이플라워 협약'을 작성해 유
명해졌다. 1620년 9월 23일에 존 카버와 윌리엄 브래드퍼드의 지도 아래 프로테스탄트들은 버지니아
회사와 이민 계약을 맺고, 메이플라워호를 타고 북아메리카에 도착했다. 11월 21일에 매사추세츠에 도
착해 성탄절을 보낸 다음날 플리머스에 상륙했다. 상륙하기 전에 메이플라워 협약을 작성했는데, 이것
은 다수의 자유 의지에 의한 정부의 설립을 결정한 것으로 민주주의 정치의 기초가 되었다.

적인 권위를 확립하고 흑인 노예의 모든 권리를 빼앗았다.

미국이 독립전쟁에서 승리한 후 종주국이었던 영국 세력은 유럽으로 쫓겨 가고 많은 사람들이 노예제 폐지를 주장했다. 심지어 제헌회의에서도 이 문제를 거론했지만 남부 여러 주의 거센 반발에 부딪쳐 후대로 넘기기로 결정되었다. 지식인들의 노력으로 북부와 중부의 노예제는 차례로 폐지되었지만 남부 지역은 여전히 이를 시행하고 있었다.

노예제가 남부 지역에서 뿌리 깊게 자리 잡은 이유는 바로 목화 때문이다. 19세기 초 목화는 '백색 황금'이라 불리며 당시 미국 남부의 경제를 지탱하고 있었다. 특히 1793년 엘리 휘트니가 발명한 조면기는 남부 노예제에 큰 힘을 실어주었다. 조면기는 단순한 기계였지만, '육지면'의 씨를 쉽게 빼낼 수 있어서 생산 효율을 단번에 50배나 향상시켰다. 남부의 농장주들은 그야말로 '목화 금광'을 발견한 것이나 다름없었다.

하지만 목화 생산이 늘어난다는 것은 더 많은 노예의 값싼 노동력이 필요하다는 사실을 의미했다. 통계에 따르면 목화 산업이 가장 발전했던 시기에 미국 남부에서 수출한 목화는 세계 목화 공급량의 3/4이나 차지했고, 유럽 대륙과 북미 목화 방직업은 거의 남부 목화에 의존하고 있었다. 이러한 상황들은 남부 대지주들을 더욱 기세등등하게 만들었을 뿐만 아니라 심지어 남부의 한 상원의원은 상원에서 큰소리로 이렇게 외치기까지 했다.

엘리 휘트니　1765~1825년. 미국의 발명가이자 기업가. 미국 매사추세츠 주에서 태어났고 예일대학을 졸업했다. 교사로 일하다가 조면기 연구에 열중했다. 1798년 미국 정부로부터 보총 제조 계약을 따냈고 큰 성공을 거두었다. 최대 공헌은 대량 생산과 부품 상호 교환이라는 개념을 제시해 미국 산업의 대량 생산 시대를 열었다는 것이다. 그가 발명한 조면기는 미국 남부 목화 산업의 빠른 발전을 이끌었다.

미국 남부 대지주의 핍박 속에서 많은 흑인 노예들은 암울한 생활을 했다.
해리엇 비처 스토가 쓴 소설 『톰 아저씨의 오두막』에는
흑인들의 비참한 생활이 잘 드러나 있다.

"목화를 공급하지 않으면 영국 경제가 혼란에 빠질 테고 미국 남부를 제외한 세계 경제가 차례로 무너지는 사태가 발생할 거요. 당신들은 목화를 상대로 전쟁을 선포할 수 없을 거요. 아니 전 세계 어느 누구도 감히 목화를 상대로 전쟁을 일으킬 수 없지. 목화가 왕이니까 말이오."

하지만 남부 대지주의 백색 황금은 어느 날 갑자기 하늘에서 떨어진 게 아니다. 백색의 목화 이면에는 흑색의 죄악이 깊이 숨어 있다는 것을 그 누구도 부인하지는 못할 것이다. 이런 노동집약형 산업은 대량의 노동력을 필요로 하기 때문에 남부의 대농장주에게 노예제보다 더 나은 돈줄은 없었다. 흑인 노예를 사용하면 인건비를 들일 필요가 없고 초과 노동으로 목화 재배 비용을 크게 낮출 수 있었기 때문이다. 수많은 흑인들의 피와 땀, 힘든 노동을 대가로 대지주의 이익이 창출된 것이다. 자신들의 이익을 지켜내기 위해 남부 대농장주 집단은 수단과 방법을 가리지 않고 노예제를 보호했고, 이를 합법화하기 위해 안간힘을 썼다. 1808년 노예 수입이 금지되자 국내 노예거래가 활성화되었다. 남부 지역에서는 도시나 시골할 것 없

이 정기적으로 노예 경매가 열렸고 흑인들은 마치 가축처럼 취급되었다.

19세기 이후 미국 영토가 급속도로 확장되면서 북부에서는 점점 더 많은 사람들이 노예제를 비판하기 시작했고 관련법을 제정해 이 제도를 없애고자 했다. 공업이 집중되어 있는 북부의 신흥 자산계급 기업가들은 자유 노동력을 필요로 했다. 자유 노동력 부족으로 인해 큰 어려움을 겪던 이들은 더 이상 시대에 역행하는 노예제를 간과할 수 없다며 목소리를 높였다. 하지만 남부 대지주들은 여전히 노예제를 주장하면서 토지를 확장하려고 혈안이었다. 의회에서는 이 문제를 두고 수차례나 커다란 논쟁이 벌어졌다. 그러다가 결국 1820년 '미주리 협정'을 근거로 북위 36도 30분 이북의 서부 지역에서는 노예제를 영원히 금지했고, 이남 지역은 노예제 확대를 허가하기에 이르렀다.

이런 상황을 보고 노예제 폐지를 주장하던 사람들은 분노의 목소리로 외쳤다. "폭군과 악마들의 권력 앞에서 이 국가의 남부와 서부 흑인들은 불행하고 처참한 환경 속에서 가난하게 살고 있다. 미국 국민들이여, 과오를 뉘우치고 새 길을 가라! 그렇지 않으면 우리 모두 멸망할 것이다!"

타   협   과   대   결

19세기 초, 노예제 존폐 문제를 둘러싸고 남부 농장 경제와 북부 자본주의 경제 간의 첨예한 대립이 발생했고 의회에서는 논쟁이 끊이지 않았다. 1790년에 남부와 북부 대표자들이 새로운 주를 자유주 혹은 노예주로 가입시키는 문제에 관한 타협안을 제시했다. 즉, 북위 39도 43분을 경계로 이북 지역은 자유주, 이남 지역은 노예주로 정하고 이후 새로운 주가 가입하면 이와 같은 타협에 따라 처리하기로 했다.

그러나 1820년 의회에서 미주리 주 가입 문제를 두고 남부와 북부 간에 다시 격론이 벌어졌다. 미주리 주민은 대다수 자유민이지만 토지는 경계선 이남에 속해 있었다. 미주리 주를 자유주와 노예주 중에서 어느 주로 가입시킬 것인지의 문제는 북부 자산계급과 농장 대지주들 사이에서 분쟁의 쟁점이 되었다. 이후 남부와 북부의 협정에 따라 매사추세츠 주부터 메인 주까지 자유주로 합중국에 가입했다. 미주리 주는 노예주로 합중국에 가입했고, 노예주와 자유주의 경계는 북위 36도 30분으로 수정되었다. 경계선 이남 영토는 노예제를 허락했지만 이북 영토에서는 노예제를 금지했다. 이 협정은 북부 자산계급이 남부 농장 대지주에 양보한 것이어서 미주리 협정이라고 불린다. 하지만 이는 노예제에 대한 남북 갈등에 잠시 평행선을 긋는 것일 뿐 근본적인 해결책은 아니었다.

수십 년 후 이 분쟁이 다시 불거지기 시작했고 '캔자스-네브래스카 법안'이 등장하기에 이르렀다. 1854년 1월에 준주準州 위원회 의장, 상원의원이자 민주당 대표인 스티븐 더글러스가 이 법안을 입안했다. 이 법안은 미주리 서부와 북서부 지역을 네브래스카 준주로 삼는다는 내용을 담고 있어 준주 노예제도 문제에서 새로운 논쟁을 불러일으켰다.

네브래스카 법안은 10년 전으로 거슬러 올라간다. 그 당시 토지 확보를 갈망하던 황무지 개척자들은 그 지역에 대한 인디언의 토지 소유권을 없애고 자신들의 농지로 개간하기 위해서 준주로 지정하라고 주장했다. 중서부에서 캘리포니아까지 이르는 철도 건설 권익 문제에 대해서도 분쟁을 일으켜 철도 소유권을 획득하기 위해 준주를 구축하라고 요구했다. 1853년 2월, 하원에서 이 준주 법안을 통과시켰다. 하지만 네브래스카 준주는 북

'캔자스-네브래스카 법안'이 통과된 직후 미국 사회는
더욱더 흑백 갈등의 소용돌이 속으로 빠져들었다.

위 36도 30분 이북에 위치해 있었기 때문에 미주리 협정에 따라 노예제가
금지되었다. 그러자 남부 출신 의원들은 이 법안을 부결시켰다.

미주리 주민은 이 문제에 대해 특히 민감한 반응을 보이며 「세인트루이스
뉴스」에 다음과 같은 논평을 게재했다. "네브래스카가 자유 준주가 된다면,
미주리는 삼면이 자유 준주에 포위된다. 그렇게 되면 노예들이 탈출할 수
있는 여지가 많아진다. 즉, 미주리 주의 재산이 안전하지 않다고 할 수 있
다." 미주리 노예주들은 1차 회의를 통해 다음과 같이 결정을 내렸다. "이
준주가 황무지 개척자들에게 개방된다면 우리는 모든 노력과 재산을 동원
해서라도 미주리의 제도를 준주 토지 위에 뿌리내리게 할 것을 맹세한다."

당시 미주리 주 출신 상원의원이자 상원 임시 의장이었던 데이비드 애치
슨은 특히 완고한 태도를 보였다. 그는 스티븐 더글러스 등 몇몇 남부 출신
상원의원들과 함께 미주리 협정을 철폐해야 한다고 주장했다.

1854년 1월 23일, 스티븐 더글러스가 준주를 캔자스와 네브래스카 두 지역으로 나누어야 한다는 수정안을 제출했다. 캔자스는 미주리 주 서쪽 지역을 말하고, 네브래스카는 캔자스 이북 지역을 가리킨다. 더글러스 법안이 발표되자, 곧바로 대혼란이 발생했다. 의회의 많은 의원들이 호소문을 발표해 캔자스-네브래스카 법안이 미주리 협정을 짓밟았다고 강력하게 비난했다. 뿐만 아니라 수많은 사람들이 모여 북부 각지에서 항의 시위를 벌였다. 하지만 그해 3월 3일에 상원에서 37표 대 14표로 캔자스-네브래스카 법안이 통과했다. 스티븐 더글러스의 뛰어난 재능과 수완이 빛을 발한 순간이었다. 북부 지역의 한 신문은 이에 대해 신랄하게 비판했다. "남부의 승리는 분명하다. 이는 '자유와 공화주의에 대한 노예제와 귀족 정치의 승리'다."

캔자스-네브래스카 법안이 강행으로 처리된 후 미국 사회, 특히 정계에서 큰 반향이 일어났다. 1854년 봄에서 여름까지 북부 지역 곳곳에서 '네브래스카 폭행'에 반대하는 집회가 열렸고, 새로운 정치적 연맹이 조직되었다. 일부 주에서는 자유토지당이 주축이 되었고, 또 다른 주에서는 노예제에 반대하는 휘그당이 주축이 되었다. 네브래스카 법안에 반대하는 북서부 민주당 사람들과 북동부 지역주의자들은 새로운 연맹을 결성하는 데 중대한 공헌을 했다. 이들은 '반네브래스카, 연합, 인민, 독립' 등 각각 다른 기치를 내걸었다. 하지만 가장 환영을 받은 명칭은 '공화당'이었다. 이 분쟁 역시 1776년과 같이 자유를 얻기 위한 투쟁이었기 때문이다.

1854년 2월 28일, 네브래스카 법안에 반대하는 사람들이 리펀의 공리회 교회에서 회의를 열어 새로운 정치 조직을 결성해야 하며 그 명칭을 공화당으로 해야 한다고 주장했다. 5월 9일에는 노예제에 반대하는 의원 약 30

명이 워싱턴에서 회의를 열어 네브래스카 법안에 반대하는 연맹을 결성했다. 그리고 7월 6일에 미시건 주 총회에서 의회는 이 주 정당의 이름을 공식적으로 공화당이라 명명했다.

1855년에서 1856년까지 공화당은 노예제 반대를 주장하는 수많은 사람들을 흡수하며 승승장구했다. 하지만 남부 사람들은 적대적인 감정을 품고 '흑인 공화당', '양키', '청교도당'이라고 폄하하며 공격했다. 이런 정치적 분열은 후에 발생하는 내전의 복선이 되었다.

정치가들의 힘겨루기뿐만 아니라 민간 사회에서도 여러 형태로 남부 노예제에 대한 성토가 대단했다. 1852년 7월 4일, 미국의 유명한 노예제 반대 흑인 운동가 프레더릭 더글러스(1818~1895)가 로체스터에서 열린 미국 독립기념일 집회에서 연설했다. 사람들은 더글러스가 관례에 따라 미국 건국 역사를 찬양할 것이라 여겼지만 그는 예상을 뒤엎고 이렇게 연설했다. "시민 여러분, 이런 질문을 드리는 것을 용서하십시오. 오늘 왜 저를 연설자로 이곳에 부르셨습니까? 여러분의 국가 독립과 저를 포함해 제가 대표하는 사람들이 무슨 관계가 있습니까? 여러분의 7월 4일은 미국 흑인 노예에게 무슨 의미가 있습니까?" 노예 출신 더글러스는 부모가 누구인지도 몰랐고, 성장과정 또한 고통스럽기 그지없었다. 그는 미국 흑인 노예의 감정을 대변했다. 더글러스의 말처럼 사람들은 이 제도를 증오할 뿐만 아

미국 휘그당 1834~1860년까지 활동했던 미국 정당. 앤드루 잭슨 대통령과 그가 창건한 민주당이 제정한 정책을 반대해 조직되었다. 의회 입법권이 대통령 내각의 집행권보다 앞선다고 주장했고, 현대화와 경제 발전 강령에 찬성했다. 26년 동안 휘그당에서 윌리엄 헨리 해리슨(1773~1841, 9대, 재임 1841~1841) 대통령과 재커리 테일러(1784~1859년, 12대, 재임 1849~1850) 대통령이 배출되었다. 그러나 두 대통령 모두 임기 내에 병으로 사망했다.

니라 국가의 품격에 대해서도 의심을 품었다.

"구대륙의 군주국과 전제국가, 남아메리카 전체를 돌아다니며 그곳에서 벌어진 잔인한 기록들을 모아보십시오. 그리고 미국에서 매일 벌어지는 일들과 비교해보십시오. 여러분이 어디에 가든지, 무엇을 찾든지, 그것이 지금 미국의 행태보다 나쁘지 않다는 사실을 알게 될 것입니다. 그리고 저와 같은 결론을 얻을 것입니다. 사람들이 손가락질하는 위선과 야만성은 미국이 세계에서 최고라는 사실입니다!"

그렇다. 다른 국가에서는 노예제가 일찍이 사라졌지만 자유와 평등의 기치아래 새로운 국가를 건국한 미국은 이 제도를 200년 넘게 유지해오고 있으니 얼마나 아이러니한 일인가! '모든 인간은 평등하다'는 '미국 독립선언'조차 더글러스가 보기에는 공허한 약속일 뿐이었다. 일부 미국 국민은 '생명, 자유, 행복 추구'라는 권리를 가진 적이 없기 때문이다. 국민들의 민심이 흉흉한 이때 미국은 여전히 노예제를 확대하기 위해 고군분투하고 있었다. 게다가 1857년 미국 최고법원은 흑인은 미국 국민이 아니라고 공개적으로 판결해 사람들을 더욱 분노하게 했다.

1858년에 존 브라운(1800~1859)이라는 백인이 미주리 주에서 한 농장주를 죽이고 노예 11명을 해방시킨 뒤 그들과 함께 캐나다로 도망쳤다. 브라운은 1859년에는 흑인 5명과 백인 11명을 데리고 버지니아의 무기고를 점령해 노예들을 무장시키려고 했으나 혈전을 치른 끝에 결국 체포되어 반역죄, 살인 공모죄, 반란 선동죄로 사형을 당했다. 하지만 그는 노예제를 상대로 승리를 거두었다고 할 수 있다.

브라운은 법원에서 이런 말을 남겼다. "나는 내가 한 모든 것, 다시 말해 하느님이 불쌍히 여기시는 차별받는 사람들을 위해 한 일은 옳다고 믿는

유명한 노예제 폐지론자 존 브라운. 무장 세력을 조직하여 남부 노예주에 반기를 들었고
정의를 위해 용감하게 싸우다가 세상을 떠났다.

다.” 전투의 형태는 다르지만 당시 많은 백인들이 비밀 루트를 통해 노예
를 해방시키고 북부나 캐나다로 도망쳐 다른 이름으로 살 수 있도록 도왔
다. 통계에 따르면 남북전쟁 전에 이미 7만 5,000명에 달하는 흑인 노예들
이 노예제 폐지론자 3,000여 명이 결성한 ‘지하철도’(1800년대 중반에 남부
의 흑인 노예들을 북부와 캐나다 등으로 탈출시키는 비공식적 조직)의 도움으로 남
부를 탈출했다.

　1850, 1860년대 미국은 북부와 남부의 갈등, 자유와 노예제의 갈등으로
더 이상 수습할 수 없는 지경에 이르렀다. 미국의 지식인들의 예감대로 캔
자스-네브래스카 법안이 통과된 지 얼마 뒤에 자본주의와 노예제의 갈등
이 촉발되었고 캔자스 내전이 터졌다.

피 의 　 캔 자 스 　 사 건
캔자스-네브래스카 법안이 통과된 후 캔자스는 미국 노예제도 문제를 둘

러싼 투쟁의 중심이 되었고, 이 충돌을 둘러싸고 의원들은 두 파로 나뉘었다. 1854년 가을 펜실베이니아 주 민주당원 앤드루 리드가 캔자스에 도착했다. 그는 준주 주지사로서 의회 선거를 감독하는 임무를 맡았다. 국민들은 처음으로 자주권을 행사하게 되었고, 노예제 찬성파는 이를 이용해 이익을 챙기려고 했다.

선거 당일 미주리 시민 1,700명이 무장한 채 주 경계를 넘어 캔자스 선거에 참여했다. 노예제를 반대하는 신문이 '주 경계 폭도'라고 규정한 미주리 시민의 표에 힘입어 압도적인 차이로 노예제 찬성파 대표가 선출되었다. 1855년 3월, 준주 의회 선거 때 '주 경계 폭도'들이 다시 이 수법을 동원했다. 이번에는 4, 5천 명이 경계를 넘어갔다. 당시 캔자스는 자유주에서 이민 온 사람들이 다수를 차지했지만 선거 기간 중 노예제 찬성파가 5,247표를, 자유토지당은 791표만을 얻었다. 이후 실시한 의회 조사 결과에 따르면 노예제 찬성파가 얻은 표 중 4,968표는 정당한 표가 아니었다. 하지만 미주리 주민의 위협을 두려워한 리드 주지사는 재선거를 실시하지 않았다. 이후 캔자스 주 의회가 노예법을 통과시켰다. 노예법 규정에 따르면 캔자스 및 노예제도의 합법성에 의심을 품은 사람은 누구나 감옥에 갇히고 노예들의 반항 행위를 변호하거나 탈출을 도와주는 사람은 누구나 사형에 처할 수 있었다.

더 이상 분노를 참을 수 없었던 자유주 이민자들은 자위대를 조직해 로렌스 시티를 노예제 반대주의자들의 보루로 삼고 무장하기 시작했다. 자유주당을 결성한 그들은 제헌회의를 열어 합법 선거를 개최하였고, 노예제를 금지하는 주 헌법 초안을 작성했다. 그리고 주 의회를 결성해 노예제를 금지하고 자유 흑인 유입을 허락하는 법령을 통과시켰다. 이에 따라 캔

1 앤드루 리드가 캔자스 주지사를 맡고 있을 때,
  그의 유약한 태도는 노예파의 세력이 더욱 커지도록 조장했다.

2 존 브라운이 노예를 구출하는 과정에서 발생한 사건이 계기가 되어
  '피의 캔자스' 사건이 발생했다.

3 피의 캔자스 사건은 시작에 불과했다. 자유정신이 고취되면서 미국에서
  더 큰 규모의 내전이 발발하게 되었다.

자스에는 두 개의 주 정부가 들어서게 되었다. 하나는 합법적이지만 속임수로 세워진 정부고, 다른 하나는 불법이기는 하지만 대다수 이민자들을 대표하는 정부였다. 민주당이 다수를 차지한 상원과 대통령은 전자를 지지했고, 공화당이 다수를 차지한 하원은 후자를 지지했다.

이뿐만 아니라 캔자스에 소규모 조직의 폭력 사태가 발생하기 시작했다. 1855년 11월에 각각 수백 명에 달하는 양 세력이 무장한 채 강 하나를 사이에 두고 규합했다. 미주리 주민은 원래 로렌스 시티를 공격할 계획이었지만 결정적인 순간에 주지사가 만류했다. 하지만 다음해 봄, 폭력 사태가 다시 발생했다. 1856년 5월 21일에 노예제 찬성파의 무장 세력 700명이 로렌스 시티를 공격하고 신문사 두 곳을 점령한 뒤 신문들을 강물에 던졌다. 또 여관과 자유주 주지사 관저를 불태우고 상점을 강탈했다. 워싱턴에서는 남부와 북부 사이의 관계가 긴장 국면으로 치달았고, 상원에서는 격렬한

충돌이 발생했다. 남부 지지자인 상원의원 프레스톤 브룩스가 갑자기 막대기를 들고 북부 지지자인 상원의원 찰스 섬너를 때리는 사태가 빚어졌다.

브룩스의 행동은 북부의 분노를 사기에 충분했고, 캔자스와 섬너 사건은 공화당의 강력한 단결 구호가 되기에 이르렀다. 하원에서는 브룩스의 행동을 비난하는 법안을 통과시키려 했지만, 남부 의원이 모두 반대표를 던져 2/3석 이상의 찬성 표를 얻지 못하는 바람에 무산되고 말았다. 브룩스는 의원직을 사퇴했지만 다른 지역 선거에서 다시 당선되면서 워싱턴으로 돌아왔다. 브룩스가 사우스캐롤라이나 주에서 머무는 동안 컬럼비아 시장이 그에게 금박을 입힌 히커리 나무 막대기를 선물했다. 남부 각지에서도 그에게 막대기를 전달했는데 이중 찰스턴에서 선물한 막대기에는 다음과 같은 글귀가 새겨져 있었다. "다시 그를 때려라."

1856년 6월에는 코네티컷 주 출신의 노예제 폐지론자 존 브라운이 노예를 구출하는 과정에서 노예제 찬성파 몇 명을 죽였다. 이 사건을 계기로 캔자스에 유혈 충돌이 발생했고 곧이어 '피의 캔자스'(Bleeding Kansas) 사건이 발생했다. 존 브라운은 소규모 전투에 여러 번 참여했고 그의 아들은 전투 중에 비명횡사했다.

몇 개월 동안 벌어진 유혈 충돌 사건으로 약 200여 명의 사람들이 목숨을 잃었다. 그해 9월, 프랭클린 피어스(1804~1869, 14대, 재임 1853~1857) 대통령이 존 기어리를 새로운 주지사로 임명했다. 기어리는 연방군을 파견해 전투를 벌이던 양측을 해산시켰고 캔자스에 평화를 되찾았다. 하지만 미국의 분열을 초래한 씨앗은 이미 땅속에 뿌리를 내렸고, 얼마 지나지 않아 더 큰 분쟁이 미국을 내전의 한가운데로 내몰았다.

미시시피 강은 아메리카 합중국이 탄생하면서 현대적인 산업 문명을 발전시켰다. 새로운 문명의 상징인 위대한 인물들이 미시시피 강 주변에서 등장해 세계로 뻗어나갔다. 젊고 활력이 넘치는 미국은 이런 위대한 인물들 덕분에 세계무대에서 재조명받을 수 있었다. 문화 분야에서 가장 돋보이는 인물은 단연 헤밍웨이다. 그는 미국의 보물이자 인류 정신문명의 상징으로 칭송받고 있다.

어니스트 밀러 헤밍웨이(1899~1961)는 미국의 위대한 작가 중 한 명으로 1954년 노벨 문학상을 수상했다. 헤밍웨이는 미시시피 강 지류의 상류 유역인 시카고 교외 지역 오크파크에서 태어나서 소년기를 보냈다. 이 지역에는 지금까지 그가 살던 집이 남아 있고 헤밍웨이 박물관도 있다. 하지만 헤밍웨이가 문학의 길을 걷게 된 데에는 미주리 강의 하류 지역인 캔자스시티의 영향이 더 컸다.

캔 자 스 의   스 타

헤밍웨이는 1899년 7월 21일에 6남매 중 둘째로 태어났다. 행복한 어린 시절을 보낸 헤밍웨이는 어렸을 적부터 여러 문화를 접하며 자랐다. 그의 어머니는 첼로, 아버지는 낚시와 사격을 가르쳤다. 중학생이 된 그는 열정적이고 경쟁을 좋아하는 미국의 보통 남학생으로 성장했다. 학교 성적은 우수하고 각종 스포츠에도 뛰어났으며 토론 클럽, 음악 클럽에서도 활약했다. 학교 신문 「더 트라페즈」에서 편집장을 맡기도 하고, 문학 잡지사에 글을 투고하며 단편 소설과 시를 썼다.

   헤밍웨이의 부모는 서로 다른 취미를 가지고 있었는데, 이는 그의 성격 형성에 큰 영향을 미쳤다. 어머니 그레이스 홀 헤밍웨이는 성악가였고, 기독교인으로 신앙심이 매우 깊었다. 예술에 대한 조예도 깊었던 그녀는 집안 분위기를 교회 모임의 문화 살롱처럼 꾸몄다. 그의 아버지 클래런스 에드먼즈 헤밍웨이는 의사였으며 동시에 열성적인 스포츠맨이었다. 자연 환경을 전문적으로 연구하기도 했던 그는 야외로 나갈 때면 아들을 항상 데리고 다녔다. 헤밍웨이는 부모뿐만 아니라 할아버지에게서도 이야기를 짓는 취미를 물려받아 어렸을 적부터 기자나 작가가 되기를 꿈꿨다.

   헤밍웨이가 고등학교를 졸업하기 2개월 전에 미국이 제1차 세계대전에 참전한다고 선포했다. 그의 앞에 놓인 선택은 세 가지였다. 대학에 입학하거나 전쟁에 참여하거나 일자리를 찾는 것이었다. 헤밍웨이는 전쟁에 참여하기를 원했지만 왼쪽 시력에 문제가 있어 입대할 수 없었다. 그래서 그는 어쩔 수 없이 취업을 선택했다. 1917년 10월, 그는 당시 미국에서 권위 있는 잡지사 가운데 하나인 「캔자스 시티 스타」에서 수습기자로 일을 시작했다. 6개월간 병원과 경찰서를 다니며 취재했고, 이 잡지의 편집장인 웰

링턴에게서 업무를 배웠다.

헤밍웨이는 매일 문체를 훈련해야 실력이 향상된다는 것을 깨닫게 되었다. 당시 이 잡지는 '짧은 문장', '첫 문장은 무조건 간결하게, 생동감이 넘치는 어휘 사용, 긍정적 표현'과 같은 작문 스타일을 요구했다. 헤밍웨이는 이 분야에서 뛰어난 자질을 드러내며 단기간 내에 기사문을 익히고 이를 문학 스타일로 전환하는 방법을 습득할 수 있었다.

「캔자스 시티 스타」에서 두각을 드러내고 있었지만 전쟁에 참여하려는 그의 갈망은 더욱 커졌다. 1918년 5월, 마침내 그 기회가 찾아왔다. 적십자의 일원으로 운전기사를 맡게 된 것이다. 어느 날 밤, 헤밍웨이가 이탈리아 북동부 피아베 강 근처에서 사병들에게 초콜릿을 나누어 줄 때, 오스트리아가 기습적으로 포탄 공격을 퍼부었다. 그의 옆에 있던 사병이 포탄에 맞아 숨졌고, 또 다른 사병은 중상을 입었다. 헤밍웨이가 부상당한 사병을 끌고 있을 때 총알이 날아와 그의 무릎에 박혔다. 가까스로 대피소까지는 왔지만 사병의 목숨은 이미 끊어졌고, 헤밍웨이의 다리와 몸에도 2백 여개가 넘는 파편이 박혀 있었다. 그는 밀라노의 병원에서 3개월간 입원하면서 10번이 넘는 수술로 대부분의 파편을 제거할 수 있었다. 그 당시 헤밍웨이는 19번째 생일을 2주 앞두고 있었다. 이 일을 계기로 그는 이탈리아 정부로부터 훈장을 받았지만 전쟁의 잔혹함과 공포는 그의 마음에 큰 상처를 남겼다. 이는 훗날 헤밍웨이의 문학 창작에 깊은 영향을 미쳤다.

그 후 고향으로 돌아온 헤밍웨이는 뚜렷한 목적의식을 가지고 저작 활동을 시작했다. 오크파크 사람들이 영웅의 귀환이라며 뜨겁게 환영했지만, 그는 글 쓰는 일에 열중할 뿐이었다. 얼마 뒤에 헤밍웨이는 토론토의 「데일리 스타」와 「스타 위클리」에 글을 기고했다. 하지만 스물한 살 생일이 지

1 2
3 4

1 어린 시절의 헤밍웨이. 그는 의사인 아버지와 성악가였던 어머니 사이에서
유복한 생활을 하면서 성장했다.
2 헤밍웨이와 첫 번째 부인 하들리 리처드슨.
헤밍웨이는 여덟 살이나 많았던 그녀와 불같은 사랑에 빠졌다.
3 청년의 헤밍웨이. 정식으로 군에 입대하지 않았으나 종군기자로 유럽에 가서
그의 작품 속 주인공처럼 소설 같은 인생을 살았다.
4 헤밍웨이는 미국의 보물이자 정신문명의 상징으로 칭송 받고 있다.

헤밍웨이의 인생에서 빠질 수 없는 캔자스 시티의 옛 모습이다.
헤밍웨이는 이곳에서 작가 인생을 걷기 시작했다.

나자 어머니가 고정적인 일을 찾든지, 집을 나가든지 결정하라는 최후통
첩을 했다. 결국 헤밍웨이는 집을 나갔고 시카고의 한 신문사에서 1년간
편집을 했다.

그해 겨울, 문학 친구인 셔우드 앤더슨을 만나 문학 모임인 '시카고파'
의 다른 회원들과도 교류했다. 이때 헤밍웨이는 그보다 여덟 살이나 많은
하들리 리처드슨과 사랑에 빠졌다. 1921년 9월, 그녀와 결혼하고 신혼여
행을 다녀온 뒤에 곧 토론토로 가서 몇 개월간 기자 생활을 했다.

헤밍웨이 부부는 글 쓰는 일에 전념하기 위해 해외 특파원직을 수락했
다. 1922년 「캔자스 시티 스타」의 유럽 특파원으로 파리에 간 헤밍웨이는
제네바와 로잔 국제회의를 보도했다. 그는 때때로 가볍지만 날카로운 관
찰력이 돋보이는 감상문을 쓰기도 했다. 주로 스위스의 스키, 스페인의 투
우, 독일의 전후 생활 등의 내용을 담았다. 일찍부터 신문기자 생활을 한
탓도 있고 그 자신도 간결한 문장을 좋아한 덕분에 함축, 리듬감, 힘이 넘

치는 그만의 스타일이 두드러졌다.

헤밍웨이는 파리에서 지내는 동안 기자 생활을 하면서 문학 창작도 시작했지만 순조롭지 못했다. 그의 첫 번째 작품집이 1923년에 출판되었지만 300부만 인쇄했을 정도로 사회의 반응은 냉담했다. 하지만 자신의 실패를 인정하지 않는 '불굴의 의지를 지닌 사나이' 헤밍웨이는 기자직을 그만두고 창작 활동에 몰두했다. 그해 말 두 번째 작품집 『우리 시대에』를 출판했다. 이것도 처음에는 큰 반향을 끌지 못했지만 다음해인 1925년에 미국에서 2쇄를 발행했고, 곧 베스트셀러에 오르면서 명성을 얻기 시작했다. 그리고 1926년에는 장편 소설 『해는 또다시 떠오른다』를 출간했다. 이 소설에서 헤밍웨이는 서로 죽이며 폭력을 행사하는 인간의 잔인함과 영혼의 타락을 폭로하고 비판했다. 주인공인 제이크 반스를 통해 그는 '잃어버린 세대'인 젊은이들의 공허한 정신세계를 표현했고, 자신의 부정적인 세계관을 드러냈다. 주인공 반스는 사실 헤밍웨이의 모습을 투영하고 있었다.

『해는 또다시 떠오른다』가 출판된 후 헤밍웨이는 하들리 리처드슨과 이혼하고 「보그」의 편집장인 폴린 파이퍼와 재혼해 미국 키웨스트 섬에 정착했다. 1927년에 그는 두 번째 단편 소설집 『부인 없는 남자들』을 발표했다. 1928년에 『무기여 잘 있거라』 초고가 완성되었을 때 첫 아들이 태어났고, 그가 초고를 다듬고 있을 때 아버지가 당뇨병을 얻었다. 하지만 아버지는 경제적인 어려움을 견디지 못해 스스로 목숨을 끊고 말았다.

1929년, 헤밍웨이는 역작인 『무기여 잘 있거라』를 발표했다. 이 작품 속에서 그는 전쟁의 죄악을 있는 그대로 폭로하며 국민들이 받은 고통을 함께 슬퍼했다. 이 작품에서도 비관적인 정서를 드러냈는데, 이는 이후의 작품에도 꾸준히 나타났다.

1930년대에는 대부분의 시간을 해외여행, 낚시, 사냥, 투우 관람 등으로 보냈다. 이때 그는 단지 두 작품 『오후의 죽음』과 『아프리카의 푸른 산들』을 출간했는데 큰 성공을 거두지는 못했다. 1936년 『킬리만자로의 눈』을 발표했다. 이 단편 소설은 당시에는 일반적인 평가밖에 받지 못했지만, 가장 걸출한 그의 작품으로 인정받았다. 이 시기의 헤밍웨이는 경제적으로 부유하고 행복한 결혼 생활을 누렸으며 세계 곳곳에서 모험을 즐겼다. 당시 미국은 대공황으로 전체적인 분위기가 침체되어 있었지만 헤밍웨이는 상당히 유유자적한 삶을 즐겼다. 1934~1936년 동안 헤밍웨이가 쓴 소설은 한두 권 정도이며 잡지에만 꾸준히 글을 연재했다. 주로 사냥이나 낚시에 관한 생동감이 넘치는 글들을 연재했는데, 그 당시 대공황으로 고통 받던 도시민들에게 정신적인 휴식을 제공하기에 충분했다.

1936년 7월, 세계를 격동시킨 스페인 내전이 발발하여 공화국 정부군과 프랑코 반란군 사이에 격전이 벌어졌다. 헤밍웨이도 민주 세력과 독재 세력이 생사를 다투는 스페인 내전 현장에 뛰어들었다. 그해 겨울 그는 유럽 지역을 돌아다니며 대대적인 모금 활동을 벌였다. 1937년 초에는 북미신문연합의 기자 신분으로 스페인에 도착한 헤밍웨이는 빚을 내 공화국 정부를 위해 구급차를 구입했고, 제2회 미국 전국작가회의에서 파시즘을 공격했다. 뿐만 아니라 유일한 장편 희곡인『제5열』을 써서 스페인 내전 상황을 그렸다.

1939년에 그는 쿠바 아바나 교외에 '핀카 비지아'라는 농장을 구입했다. 농장의 산꼭대기에 있는 집에서 파시즘, 민주주의, 개인에 관한 장편 소설인『누구를 위하여 종은 울리나』를 썼다. 이 책은 출판되자마자 전 세계 베스트셀러에 올랐을 뿐만 아니라 헤밍웨이의 문학 인생에서 시대의 획을 긋는 이정표이자 불후의 명작이 되었다. 하지만 소설이 출판되고 며칠 되지 않아 헤밍웨이가 가족을 돌보지 않는다는 이유로 폴린 파이퍼가 이혼 소송을 제기했다. 헤밍웨이는 이혼하자마자 소설가이자 기자인 마사 겔혼과 세 번째 결혼을 했다. 세인트루이스 출신인 그녀는 헤밍웨이와 5년을 함께 살았으며, 결혼 후 2년간 그들은 함께 종군기자 신분으로 중국에 갔다.

제2차 세계대전 중인 1942~1944년에는 일반기자 신분으로 패튼 장군의 제3군에 파견되었다. 그때 헤밍웨이는 공적을 세워 표창까지 받았다.

스페인 내전(1936~1939년)　　스페인에서 발생한 내전. 1936년 2월 16일 스페인 인민전선이 의회 선거에서 승리를 거두어 연합 정부를 수립하고 민주개혁 정책을 제정했다. 1936년 7월 18일 프랑코 장군 등이 일으킨 반란이 스페인 북부, 남서 지역의 주요 도시까지 번져갔다. 반란군이 궤멸될 쯤 독일, 이탈리아 파시즘 정부가 공개적으로 군사 20만 명을 지원했다. 이로써 스페인 내전은 국제적인 반파시즘전쟁으로 확대되었다. 힘의 차이가 분명했기 때문에 1939년 4월 초 반란군이 공화국 정부를 무너뜨리고 국토 전체를 차지했다. 프랑코는 독일, 이탈리아 정부의 비호 속에서 파시즘 독재정부를 수립했다.

하지만 1944년에 런던에서 영국 황실 공군과 함께 비행 업무를 수행하며 지내던 중 자동차 사고를 당해 머리와 무릎 부분에 심각한 부상을 입었다. 당시 몇몇 신문이 그의 부고를 싣기까지 했다. 하지만 얼마 뒤에 헤밍웨이는 노르망디 상륙 전선에 모습을 드러냈다. 전쟁 기간에 그는 중일전쟁과 유럽전쟁에 대한 보도만 했다. 1945년 말에는 마사 겔혼과 이혼하고, 1946년 3월에 쿠바 아바나의 핀카 비지아로 돌아왔다. 그 후 네 번째이자 마지막 부인인 메리 웰스와 결혼했다.

아바나에 정착한 후 창작 활동에 몰두한 헤밍웨이는 연달아 단편 소설 한 편과 중편 소설 두 편을 발표했다. 이때 발표한 『노인과 바다』는 또 다른 불후의 명작으로 칭송받았다. 1953년에는 퓰리처 문학상을 받았고, 1954년에는 노벨 문학상을 받았다. 그러나 헤밍웨이는 노후에 여러 질병으로 글을 제대로 쓰지 못했다. 1958년에는 미국 아이다호 주로 돌아와 요양하며 3년간 고혈압, 당뇨병 등 고질병과 사투를 벌였다. 1961년 봄에는 25번이나 전기쇼크 치료를 받고 우울증이 다소 완화되는 듯했지만, "인간은 대자연 혹은 외부세력과의 싸움에서 언제나 패배자가 될 뿐이다."라고 생각한 헤밍웨이는 자신의 의지로 병의 고통에서 벗어나겠다고 결심하게 된다. 1961년 6월 2일 새벽에 그는 아끼던 엽총으로 자살했다. 세계적인 작가, 헤밍웨이는 이렇게 세상을 떠났다.

불 굴 의   의 지 를   지 닌   사 나 이
작품의 영감을 얻기 위해 세계를 일주하는 것은 작가들에게 흔히 볼 수 있는 일이다. 하지만 헤밍웨이는 별종 중의 별종이라고 할 수 있다. 세계의

창작 활동에 몰두하고 있는 헤밍웨이.
사람의 특징을 분명하게 파악하는 간결하고 깔끔한 작풍과
그만의 독특한 스타일은 많은 비평가들에게서 칭송받았다.

유명 작가들 중에 헤밍웨이만큼 모험을 즐기고 세계 곳곳에 족적을 남긴 사람은 없을 것이다. 더군다나 헤밍웨이는 단순히 창작만을 위해서 세계를 돌아다닌 것도 아니었다.

 세계적인 작가인 헤밍웨이의 성격, 생활 태도, 습관, 취미는 일반 사람들이 생각하는 그런 문학가의 유형에 속하지 않는다. 유년 시절부터 활력 넘치는 개구쟁이였던 그는 야외 활동을 좋아하는 아버지와 함께 사냥과 낚시를 즐겼다. 학교에 들어간 후에는 거의 모든 스포츠 활동에 참여했다. 특히 권투와 럭비에 대한 그의 사랑은 노년까지 이어졌다. 열네 살 때는 권투장에서 얼굴이 피투성이가 되도록 두드려 맞고서도 절대 쓰러지지 않았다. 아마 이런 성격 때문에 고등학교를 졸업하자마자 집을 떠나서 「캔자스 시티 스타」의 유망 기자가 될 수 있었을 것이다.

 이탈리아 전쟁터에서 200여 개가 넘는 파편이 몸에 박혔을 때도 헤밍웨이는 쓰러지지 않았다. 일찍부터 문학계에 발을 들여놓은 그는 수많은 난관을 넘어섰다. 원고가 계속 되돌아왔을 때도 그는 낙담하지 않았으며, 유

다채롭고 소설 같은 그의 인생 이야기 덕분에
헤밍웨이는 『노인과 바다』의 주인공 산티아고처럼
삶의 전쟁터에서는 패배했을지 모르지만
거스를 수 없는 운명 앞에서는 승리한 그야말로
'불굴의 의지를 지닌 사나이'로 불린다.

명해진 뒤에도 미국의 편안한 삶을 거부하고 쿠바나 아프리카로 가서 모험
을 즐겼다. 이탈리아에서 얻은 부상으로 온몸에 상처가 가득했던 그는 비
행기를 타고 가던 중 큰 사고를 당해 생사를 넘나들었다. 아내 메리는 늑골
2개가 부러졌고 헤밍웨이는 간과 허리에 큰 충격을 입었으며 척추 뼈에 중
상을 입었다. 다음날 다시 비행기를 타고 가다가 또다시 큰 사고를 당했다.
그의 평생에 이번만큼 큰 부상을 입었던 적이 없었고, 심지어 나이로비 병
원에서 치료를 받을 때는 신문 부고란에 그의 이름이 여러 번 올라오기도
했다.

"인간은 패배를 위해 창조된 것이 아니다. 인간은 파괴될 수는 있어도
패배할 수는 없다." 아마 이런 독특한 그의 생각 때문에 작품이 더 큰 매력
을 띠게 된 것인지 모른다. 『노인과 바다』의 주인공 산티아고가 망망대해
에서 홀로 물고기를 잡는 모습은 적막한 바다와 자연이 하나로 어우러져
고독과 쓸쓸함은 보이지 않는다. 외롭게 떠도는 작은 배와 바다 바람, 석양
의 모습이 그려질 뿐이다. 하지만 풍랑과 상어와 사투를 벌이는 노인의 강

1, 2차 세계대전과 스페인 내전 참전, 4번의 결혼과 자살 등 파란만장한 삶을 살았던 세계적인 작가 헤밍웨이의 생가 전경.

인함과 불굴의 의지를 보여주며, 매 순간마다 아득히 먼 곳을 떠도는 인간의 생명의 빛이 꺼질까 노심초사하게 만든다. 결국 뼈 속 깊이 사무치는 경험을 한 이 늙은 어부는 결국 뼈만 앙상하게 남은 상어만 가지고 돌아온다. 그렇지만 독자들은 노인을 보고 위대한 영웅이 귀환한 것 같은 느낌을 받는다.

산티아고는 헤밍웨이가 숭상하는 완벽한 사람을 상징한다. 강인함, 관대함, 인자함, 사랑으로 넘치는 마음으로 무장한 산티아고는 삶의 전쟁터에서는 패배했을지 모르지만 거스를 수 없는 운명 앞에서는 승리자다. 그야말로 '불굴의 의지를 지닌 사나이'였다. 이런 이미지는 헤밍웨이의 다른 작품 속에서도 종종 등장한다. 작품 속 주인공들처럼 헤밍웨이 역시 세월과 실패에 굴복하지 않았다. 그래서 고혈압, 당뇨병 등의 고질병과 3년이나 사투를 벌인 후 자신의 의지로 고통에서 벗어난 것이다.

헤밍웨이의 '불굴의 의지'와 맞아떨어지는 또 다른 특징은 사람의 특징을 분명하게 파악하는 간결하고 깔끔한 작풍에서 드러난다. 그는 관계없

헤밍웨이 기념관은 1851년 해양건축가인 에이사 티프트에 의해
개인 주택으로 건축되었다. 헤밍웨이는 1931년에 이 집을 구입해서
대대적인 개축을 했는데 이 집에 대한 헤밍웨이의 애착은 대단했다고 전해진다.

는 소재, 기교의 화려함, 과잉된 감정 표현, 서투른 묘사 등을 버리고 자신
만의 문학적 경지를 이루었다. 영국 작가 베이츠는 그의 작품을 보고 "그
누구에게도 없는 용기로 문학에 들러붙어 있는 영어의 '군더더기'를 깔끔
하게 정리했다."라고 표현했다. 헤밍웨이는 『무기여 잘 있거라』의 결말을
39번이나 수정했다. 『노인과 바다』는 200번이나 고쳐서 원래 천 페이지에
가까운 장편을 몇 십 페이지로 함축된 중단편 소설로 바꾸어 놓았다.

　미시시피 강의 역사에서 중요한 위치를 차지하고 있는 헤밍웨이는 미국
문학의 추억이 되었지만 그에 대한 평가는 지금까지도 변함없다. 유명한
시인 프로스트는 이런 평가를 남겼다. "그는 강인한 사람이며 삶을 아까워

하지 않았다. 그는 강인한 사람이며 자신을 아까워하지 않았다. …… 우리는 그가 평생 동안 자신의 위대함을 드러낸 것을 기뻐해야 한다. 그의 문학은 우리의 짧고 긴 이야기를 지배하고 있다. 만나는 사람마다 내가 흠뻑 빠져들었던 『살인자들』의 구절을 읽어주고 싶었던 때가 떠오른다. 그는 내가 영원히 그리워할 친구다."

미국 문학의 거장 솔 벨로는 이렇게 감탄했다. "헤밍웨이는 강렬한 욕망을 가진 사람이다. 그는 사물에 대한 자신의 견해를 우리에게 덧입혀 의지의 사나이라는 이미지를 만들고자 했다. 꿈속에서 그가 승리를 향해 갈 때 반드시 완전한 승리, 위대한 전투, 행복한 결말이 나타날 것이다."

솔 벨로(1915~2005년)　　미국 유태계 작가. 1915년 캐나다에서 태어나 아홉 살 때 미국 시카고로 이민 왔다. 프린스턴 대학과 시카고 대학 교수로 재직했다. 그의 작품은 존재주의 문학 사조의 영향을 받았다. 주요 작품으로는 장편 소설 『오기 마치의 모험』, 『비의 왕, 핸더슨』, 『허조그』, 『새믈러 씨의 혹성』, 『험볼트의 선물』 등이 있다. 이중에서 『오기 마치의 모험』은 파노라마식으로 1920~1940년대 미국 사회를 보여주고 있다. 두 작가의 운명에 대한 이야기인 『험볼트의 선물』은 현대사회의 물질만능주의와 정신적인 타락을 비판하고 물질, 정신, 인생, 우정 등 철학적인 사고를 담고 있다.

미주리

3장 | 서부의 관문 미주리

미주리 강과 미시시피 강이 만나는 곳, 미주리 주. 길지 않은 역사 속에서도 수많은 인재들을 배출한 것은 아마도 이런 지리적 조건 때문이 아닐까? 미국 역사상 가장 위대한 작가로 칭송받는 마크 트웨인과 칭찬과 비난을 한 몸에 받았던 대통령으로 기억되는 해리 트루먼은 미주리 주가 배출한 유명한 인재다. 미주리 주는 마크 트웨인의 소설『톰소여의 모험』과『허클베리 핀의 모험』의 무대이기도 하며, 개척시대에는 서부의 관문으로써 중요한 역할을 담당했다.

작은 황무지에서 서부 개발의 요충지로 거듭난
세인트루이스에는 미국의 상징인 '게이트웨이 아치'가
그 위용을 자랑하고 있다.

미주리 주는 '증거를 보여 달라는 주'라는 재미있는 별명을 가지고 있다.
이는 미주리 주의 주민들이 의심이 많고 다른 사람의 말을 잘 믿지 않는 데
서 기인한 것이다. 그들의 신조는 '백 번 듣는 것보다 한 번 보는 게 낫다'
로 '한 번 보여줘 봐'라는 말을 입에 달고 산다.

미주리 강은 미주리 주에 진입한 후 미시시피 강의 지류와 합쳐져서 큰
미시시피 강을 형성한다. 이곳에서 남쪽으로 흘러갈수록 미시시피 강의
유량이 급속도로 증가해 명실상부한 큰 강의 모습을 지니게 된다. 미시시
피 강은 미국 발전 과정에서 중요한 경계선이 되어왔다. 독립한 뒤에 수십
년 동안 아메리카 합중국의 영토가 미시시피 강 동쪽에 한정되어 있었기
때문이다. 하지만 미국이 태평양을 향해 영토 확장을 실현할 때 이 지역은
큰 역할을 담당했다.

일반적으로 두 개의 큰 강이 만나는 지역에는 큰 도시가 형성된다. 세인트루이스가 바로 그 대표적인 예라고 할 수 있다. 미주리 주 최대 도시인 세인트루이스는 미시시피 강 중류 지역에 자리 잡고 있고, 광활한 미주리 강과 미시시피 강이 바로 여기에서 만난다.

미시시피 강은 세인트루이스를 가로질러 흐른다. 강의 동쪽은 동세인트루이스라고 부르며 도시 발전 역사가 길고, 서쪽은 세인트루이스라고 부르며 역사가 길지는 않지만 도시의 중요 지역을 형성하고 있다. 이곳은 미국 대륙의 중앙에 위치해 지리적으로 중요한 전략적 의미를 가지며 미국 중서부 육해상 교통의 중심지다. 미국 영토가 서쪽으로 확장될 때 많은 이민자들이 이곳에서 서부 지역으로 이주했기 때문에 세인트루이스를 서부 지역으로 통하는 관문이라고 칭했다.

과거 세인트루이스는 인디언이 가죽을 거래하던 곳이었다. 1764년 프랑스 모험가이자 모피 상인인 피에르 라클레드 리그가 뉴올리언스에서 미시

1 2

1 프랑스 국왕 루이 9세. 세인트루이스의 명칭은 그의 이름에서 따왔다.
   지금도 거리 이름에는 프랑스어가 많이 남아 있다.
2 유명한 게이트웨이 아치. 서부 개척 시대의 관문 역할을 한 세인트루이스의 상징물이다.
   꼭대기에서는 미시시피 강을 비롯해 세인트루이스 시내와 일리노이 평원까지 조망할 수 있다.

시피 강과 미주리 강이 합쳐지는 이곳, 즉 세인트루이스로 옮겨 왔다. 당시
프랑스 제국은 쇠퇴하고 있었기 때문에 라클레드는 영국 식민지에서 벗어
난 최후의 프랑스식 도시 건설을 꿈꾸고 있었다. 이에 따라 미시시피 강 서
쪽 지역에 초기 형태의 도시를 건설하고 프랑스 국왕인 루이 9세를 기리기
위해 이 지역을 세인트루이스라고 이름 지었다. 세인트루이스는 1800년부
터 번영하기 시작했고, 1850대까지 항구가 개척되고 철도가 발전하면서

루이 9세(1214~1270, 프랑스 카페 왕조 9대 왕, 재위 1226~1270)   성인으로 추앙받은 그는 중세
기 프랑스부터 유럽 군주들 중 가장 모범이 되었으며 '생 루이', '성왕'이라는 별명도 있다. 신앙심이
깊고 십자군 원정에 참여했으며 법을 준수하고 공정한 태도를 유지했다. 프랑스에 혁명적인 변화를
가져오지는 않았지만 뛰어난 통치력으로 안정적인 번영과 발전을 이루었다. 뿐만 아니라 프랑스 왕실
의 권위와 위상을 높이고 국가 형성에 든든한 기반을 마련했다.

작은 황무지에서 대도시, 서부 개발의 요충지로 거듭났다.

1960년대 세인트루이스에 세계적으로 유명한 건축물이 들어섰다. 바로 미국의 상징 '게이트웨이 아치'다. 게이트웨이 아치는 서부 개척을 상징하는 아치형 조형물이다. 높이는 192미터로 뉴욕 자유의 여신상보다 2배나 더 높다. 1947년에 공모를 통해 건축가인 에로 사리넨과 건축기사 한스카를 반델이 설계했지만, 1963년에 공사를 시작해 1965년 10월 28일에야 완공했다.

게이트웨이 아치는 시속 80킬로미터의 강풍에도 약 5센티미터 정도밖에 흔들리지 않는다. 설계도에 따르면 바람이 불 때 아치의 꼭대기가 46센티미터 이내로만 흔들려도 정상 수준이라고 하니 정말 대단한 건축물이라 할 수 있다. 전체가 스테인리스강으로 제작된 아치는 매년 수백 번에 달하는 뇌전을 맞을 가능성이 있지만, 우수한 뇌전 방지 시스템이 구축되어 있기 때문에 지금까지 부상이나 피해를 입은 주민은 한 사람도 없다. 이 웅장한 강철 조형물 아래 위치한 웨스트워드익스팬션박물관이 과거의 이야기를 들려주고 있다.

드러난 미국의 야심

영국으로부터 독립한 미국은 모험 정신으로 끊임없이 국토를 개척했다. 하루빨리 서쪽으로 영토를 확장해 태평양을 마주하기 위해서 많은 미국인들이 서진 운동에 동참했다. 특히 1803년 프랑스로부터 루이지애나를 매입한 후 영토 확장의 야심이 더욱 커지면서 점차 서부 지역으로 눈을 돌리게 되었다. 이런 상황 속에서 미국 역사상 처음으로 대륙 횡단 탐험이 시작되었다.

루이스와 클라크의 서부 탐험(1804~1806)은 태평양 연안에 이르는 지역까지 광범위한 조사를 펼쳤다. 이 탐험대의 대장은 미 육군 메리웨서 루이스 대령과 윌리엄 클라크 중위였고, 토머스 제퍼슨 대통령이 주도했다.

루이지애나를 1803년 매입한 뒤 몇 주 후에 토머스 제퍼슨 대통령은 서쪽으로 영토를 확장해야 한다고 주장하며 의회에 2,500달러의 예산을 편성해줄 것을 요구했다. 그는 탐험대를 조직해서 인디언 부락, 식물, 지질, 지형, 야생 동물 등을 연구하며 영국과 프랑스계 캐나다 사냥꾼 및 이 지역에 자리 잡고 있는 잠재적 방해 세력에 대해 조사할 계획을 세웠다. 그 당시 캐나다에 있는 영국인들과 텍사스 주 등 미국 남서부 지역을 차지하고 있는 스페인인들이 여전히 루이지애나에 욕심을 내고 있었다. 그들은 현지 인디언의 저항을 선동했기 때문에 제퍼슨 대통령은 미국이 서쪽 지역을 완벽하게 차지하려면 무력이 최고라고 생각하고 육군의 도움을 구했다.

1804년, 제퍼슨 대통령은 우선 포병부대 2급 중위였던 윌리엄 클라크와 그의 개인비서이자 제1부대 대령이었던 메리웨서 루이스에게 45명으로 구성된 탐험대를 맡겼다. 이중에는 스페인어와 인디언어 통역사가 포함되었다. 제퍼슨 대통령은 루이스와 클라크에게 군사를 동원할 수 있는 권한까지 부여했다. 탐험을 떠나기 전에 제퍼슨 대통령은 루이스와 클라크에게 경계를 늦추지 말라고 당부했다.

"어떤 수단을 동원해서라도 연락을 계속 취해야 하오. 그대들의 사명은 미주리 강과 미주리 강처럼 중요한 강 지류를 탐색하고 강을 통해 태평양까지 갈 수 있는 교통 노선을 찾는 것이오. 확실한 수로 교통을 확보할 수 있다면 대륙을 횡단해 무역을 펼칠 수 있는 길도 찾을 수 있을 것이오."

1 2
3 4

1 북미 대륙을 처음으로 횡단한 탐험대의 대장 메리웨서 루이스.
서부 탐험대를 구성할 당시에 루이스는
토머스 제퍼슨 대통령의 개인비서이자 제1부대 대령이었다.
2 적극적으로 서부 탐험대를 지원했던 제퍼슨 대통령.
그는 1803년에 루이지애나 매입이 끝나자 영토 확장의
야심이 더욱 커져 서부 탐험대를 만들어 보냈다.
3 서부 탐험대의 또 다른 대장이었던 윌리엄 클라크. 그는 포병부대 2급 중위였다.
4 서부 탐험대는 세인트루이스에서 미주리 강을 거슬러 올라가서 인디언 부족의 협력을 얻어
로키 산맥을 넘고 컬럼비아 강을 지나 태평양 연안에 도달했다.

71

자칭 '탐험 군대'라고 명명한 이 탐험대는 세인트루이스를 출발해서 미주리 강을 거슬러 올라갔다. 이렇게 서사시에나 등장할 법한 탐험대의 여정이 시작되었다.

1804년 5월 14일, 두 지휘관이 이끄는 탐험대가 원정을 떠났다. 이때 스페인 대사가 뉴스페인(지금의 멕시코) 총독에게 '루이스와 부하들'을 체포하라고 요구했다. 잔인하기로 유명한 총독은 스페인과 동맹을 맺은 코만치족을 선동해 루이스와 클라크 일행을 제거하려고 했지만 탐험대의 그림자도 찾지 못했다.

그해 8월 말에 탐험대가 인디언 부족 라코타족의 영토에 진입했다. 이들은 미국 중서부 지역의 대평원을 다스리고 있는 부족으로 '용감한 자들의 왕'이라고 불렸다. 탐험대가 출발하기 전 제퍼슨 대통령은 라코타족에게 친서를 보내 그들의 세력을 존중한다는 뜻을 밝혔다. 이로써 탐험대와 라코타족은 우호적으로 대면했고 손님 접대를 좋아하는 인디언은 탐험대원을 초대해 함께 담배를 피우기도 했다. 담뱃대가 매우 긴 것을 보고 신기하게 여긴 루이스와 클라크는 담배를 피던 장소에 '담뱃대 절벽'이라는 이름을 붙였다.

9월 25일, 탐험대는 사우스다코타 주에서 또 다른 라코타족을 만났다. 이 부족은 물건을 강탈하기로 악명이 높았다. 이때에도 라코타족이 탐험대를 습격하려고 했지만 대원들의 용감한 행동에 감동을 받은 추장이 탐험대에 대한 적의를 상실하게 되었다.

가을이 되자 탐험대는 미주리 강 근처에서 만단족이 거주하는 지역에 요새를 짓고 겨울을 날 준비를 했다. 그렇게 길고 지루한 겨울을 보내고, 봄기운이 완연한 4월 7일에 다시 원정에 나섰다. 미주리 강 지류인 옐로스톤 강을 지나 미주리 대폭포에 이르렀다. 7월에는 로키 산맥에 들어섰고, 8월 11일에는 쇼쇼니족 전사들과 맞닥뜨렸다. 10월에 탐험대는 아이다호 주를 넘어 워싱턴 주에 들어섰고 북미 지역에서 유속이 가장 빠른 강인 스네이크 강을 건넜다.

10월 16일에는 컬럼비아 강에 도착했고, 이 강을 통해 3일 후 최종 목적지인 태평양에 도착했다. 그들의 탐험 일지에는 "광활한 컬럼비아 강 하구에서 우리들은 태평양의 장관을 마음껏 즐겼다."라고 쓰여 있다. 그들은 약 1개월쯤 태평양 연안과 부근 평원을 답사하고 이곳 인디언 부족들의 상황을 조사했다. 탐험대는 이 지역에 요새를 건설했는데, 이것은 미국 군사력이 처음으로 태평양 연안까지 뻗쳤다는 사실을 대외적으로 보여주고 있다. 태평양 지역의 첫 초소이자 미국 서부 지역의 지표인 요새는 탐험대의 최대 성과다.

1806년 3월 23일, 탐험대 일행이 돌아오기 시작했다. 영국 북서 모피 회사의 사주로 우호적이었던 인디언들이 적대적으로 변해 위협을 가하기도 했지만 탐험대는 1806년 9월 23일에 무사히 세인트루이스에 도착할 수 있었다.

서 진   운 동

아메리카 대륙은 원래 인디언들의 삶의 터전이었다. 하지만 서양 식민지 배자들이 이 지역을 차지하면서 인디언들은 자신의 토지를 빼앗기고 말았다. 미국이라는 나라는 인디언에 대한 약탈과 살육을 바탕으로 세워졌고, 서진 운동을 펼치는 과정에서 최고조에 이르렀다.

1500년 북아메리카 대륙에 살던 인디언은 약 150만 명에 달했다. 이들의 구성을 살펴보면 유전, 언어, 사회 등 모든 부분에서 큰 차이를 보인다. 15세기에 리오그란데 강 북쪽 지역에는 서로 관련이 없고 독특한 문화 형태를 가진 400개의 인종이 살고 있었을 것으로 추측된다. 다양한 신체적 유형과 언어 형태를 보여주고 있는데 모히칸족, 아파치족, 코만치족, 이로쿼이족, 수족, 쇼쇼니족, 크리족, 아시니보인족, 체로키족 등이 있다.

유럽 식민지배자들이 대륙을 차지하기 전 인디언 부족은 평안한 생활을 누리고 있었다. 15세기 말 인디언들은 유럽 식민지배자들이 처음으로 대륙을 밟았을 때 그들을 따뜻하게 맞이했다. 하지만 유럽인들은 자신들이 정착하고 뿌리를 내리기 위해서 인디언의 토지를 강탈하고 잔인한 인종 멸종 정책을 펼치기까지 했다.

영국으로부터 독립한 후 미국의 경제가 빠르게 발전하면서 13개 주로는 더 이상 사람들의 수요를 만족시킬 수 없었다. 야심찬 이 젊은 국가는 18세기 말부터 19세기 말까지 활발하게 서진 운동을 펼쳤는데, 이것은 대규모 식민 활동이나 다름없었다. 서진 운동을 펼치던 시기의 미국에서는 3차에 걸쳐서 대규모 이민 열풍이 불었다.

1차 이민 열풍은 18세기 말에서 19세기 초까지 나타났다. 미국 정부가 일련의 토지 법령을 반포하고 프랑스로부터 루이지애나를 매입하면서 이민자들 눈앞에 광활한 새 토지가 펼쳐졌다. 서부 지역으로 물밀듯이 이주한 사람들은 오하이오, 켄터키, 테네시 등을 개척해 중서부 식량 생산지를 확대하기 위한 기반을 마련했다.

2차 이민 열풍은 1815년에 두 방향으로 나누어 진행되었다. 첫 번째 이민자들은 연해 지역과 독일에서 온 이민자들로 오하이오 강 이북 지역을 개척해 미국 곡물 생산과 목축업의 기지를 구축했다. 두 번째 이민자들은 남동부 지역에서 온 이들로 멕시코만 지역과 조지아 남부 및 루이지애나 사이의 평원 지역을 차지했다. 이 지역에서 목화 생산 및 판매를 중심으로 하는 대농장을 구축했고 남부 노예제 경제를 확대했다.

3차 이민 열풍은 19세기 중엽 미국의 영토 확장과 함께 나타났다. 당시 미국의 영토 확장도 두 방향으로 진행되었다. 첫 번째는 1845년 텍사스 합병과 1848년 미국-멕시코전쟁에서 멕시코 영토 절반의 점령, 영국과의 협상을 통해 1846년에 오리건 대토지 획득 등의 사건 발생을 통해서다. 두 번째 영토 확장 추세는 캘리포니아를 포함해 서부 지역 전체를 차지하면서 마무리되었다. 이때 캘리포니아에서 금광이 발견되어 또다시 대거 이민 열풍이 불었다. 금을 캐러 건너간 사람들 중 일부는 농업에 종사하거나 가게를 열어 캘리포니아에 뿌리를 내렸다. 또 다른 사람들은 캘리포니아 북서 지역으로 가서 광물 자원을 캐기도 했다. 1850년대와 1860년대에는 소농들이 대거 이주해 와서 식량 생산에 종사하고 로키 산맥 서쪽 지역을 주와 준주로 나누어 살았다. 어떤 지역은 광물을 채굴하며 살던 곳이 평생 거주지가 되기도 했다.

서진 운동 열풍이 불면서 인디언들은 생존의 위협받게 되었다. 미국이 독립을 쟁취했을 때 정부는 서부 개발 계획을 수립했다. 이 계획은 필연적으로 서부 지역에 살고 있던 인디언들을 어떻게 처리할 것인가 하는 문제와 맞닥뜨렸다. 동부 13개 주를 개발할 때, 동부 지역 인디언들은 식민지 배자의 무력에 굴복해서 애팔래치아 산맥 이남의 내지나 숲으로 쫓겨났다. 그런데 미국이 서부 개발을 계획하면서 인디언 문제가 다시 수면 위로 떠오르게 된 것이다.

100년에 걸친 서진 운동으로 많은 백인들이 새로운 터전을 마련했다.
뿐만 아니라 서진 운동은 도시화와 산업화, 아메리카 민족을 대융합하는 과정이었다.

　미국 정부는 영국이 통치하던 때 제정한 '서쪽 이민 금지' 법령을 폐지하고 애팔래치아 산맥을 경계로 동부 연안 지역과 유럽의 이민자들을 서쪽으로 이주시키기 시작했다. 통계에 따르면 애팔래치아 서쪽 인구는 1810년 미국 총 인구의 1/7이었으나 10년 후에는 1/4로 증가했다. 이때의 이민자들 중에는 남부의 대지주도 있고 북부의 토지 투기상들도 있었다. 하지만 초기 이민의 주역인 사냥꾼, 광부, 목축민, 농민 등과 같은 가난한 토지 개척자들은 살길을 찾아 서부 지역으로 건너갔다.

　미국인들은 서부 지역의 넓은 토지를 '자유 토지'라고 불렀지만 인디언이 땅의 진정한 주인이라는 것은 누구나 알고 있었다. 실제로 미국 정부도 표면적으로는 인디언의 토지 소유권을 인정하고 있었다. 1783년 미국 의회가 인디언 문제 처리에 관한 몇 가지 기본 원칙을 담은 성명을 발표했다. 이 성명은 인디언 부족을 미국과 조약을 체결할 전권을 가진 평등한 '민족'이라고 명시했고, 이후 인디언의 모든 토지 할양은 각 지역의 경계를 명확히 구분한 전문적인 조약이 있어야 인정했다. 또한 인디언이 체결한 조약은 의회와 대통령의 비준을 얻어야 했고 개인의 인디언 토지 매입을

인디언들에게 서진 운동은 재난이나 다름없었다. 아메리카 대륙은 원래 인디언들의
삶의 터전이었지만, 그들은 자신의 토지를 빼앗겼을 뿐만 아니라 약탈과 살육 등으로 유린되었다.

금지했다.

1787년 북서 법령 중 미국 정부는 인디언의 동의 없이 그 토지와 재산을
강탈해서는 안 되고 마음대로 인디언의 재산, 권리, 자유를 침해해서도 안
된다고 구체적으로 규정했다. 또한 인디언 학대를 금하고 인디언들과 평
화를 유지하도록 노력해야 한다고 법적으로 보장했다. 미국 정부가 인디
언 문제에 관한 원칙을 제정했지만 실질적으로 서부 지역을 개발하는 과정
에서 이 원칙은 제대로 지켜지지 않았다.

1785년 토지 법령이 반포된 이후 미국 의회가 오하이오 지역의 인디언
부족에게 협상 담당자를 보내서 북서 지역의 주권을 포기하도록 설득했
다. 담당자들은 온갖 협박과 유혹으로 일부 부족에게서 조약을 얻어냈다.
하지만 이 조약은 많은 인디언들의 반대에 부딪쳤고, 결국 파기되었다. 인
디언 부족과 서쪽 변경 주민들 사이에 충돌이 계속 발생하자 미국 정부가
인디언 정벌을 허가하면서 인디언들에게 큰 타격을 주었다. 2차 미영전쟁
(1812~1814년)에서 영국이 미국에게 패하자, 영국과 동맹을 맺었던 인디언
들의 세력은 더욱더 약화되었다.

1830년 5월에 앤드루 잭슨(1767~1845, 7대, 1829~1837) 대통령이 '인디언 이민법'을 통과시켰다. 미국 정부는 이 법령에 따라 인디언 거주지 제도를 실시해 인디언을 미시시피 강 동쪽 지역으로 강제 이주시켰다. 이 덕분에 식민지배자들의 사업은 빠르게 발전했다. 또한 이 법령은 미시시피 강 서쪽 토지를 동쪽 인디언 토지와 교환하고 미시시피 강 동쪽 지역의 인디언들이 정부가 지정한 미시시피 강 서쪽 거주지에 거주하도록 정했다. 당시 대평원 지역에 거주지를 정한 이유는 이곳이 백인들의 거주지로 적합하지 않다고 여겼기 때문이다.

인디언들을 대평원으로 대거 이주시킨 뒤에 미국 정부는 '풀이 자라기만 한다면' 인디언들이 새로운 영토를 영원히 소유할 수 있다고 보장했다. 하지만 이후 인디언 거주지에서 황금 등 광산 자원이 발견되고 대평원이 방목과 경작에 적합한 곳으로 알려지자 백인들이 또다시 대평원으로 이주해 갔다. 대평원에는 변함없이 '풀이 계속 자라고 있었지만' 인디언들은 다른 지역으로 쫓겨 가야만 했다. 불공평한 대우에 인디언들이 거세게 저항했지만, 피비린내 나는 진압으로 많은 인디언들이 학살당했다. 통계에 따르면 미국 건국 후 128년간 연방군은 114차례나 전쟁을 벌였고, 8,000여 차례의 자잘한 충돌을 겪었는데 이중 대부분은 인디언을 진압하기 위해 벌인 것으로 나타났다.

1864년 셔먼 형제가 군대를 이끌고 인디언 정벌 전쟁에 나섰다. 훗날 대통령으로 당선된 미국 내전의 영웅 율리시스 S. 그랜트(1822~1885년, 18대, 재임 1869~1877)는 심지어 "인디언 부족 전체를 없애야 한다"고 목소리를 높였다. 미국 정부는 1억 달러의 예산을 들여 군대를 편성했고 인디언의 주식인 북미 들소를 멸종 직전까지 죽이는 방법을 동원해 결국 인디언의 투항을 받아냈다. 북미 들소의 수는 원래 1,300만 마리였지만 1880년 이후 1,000마리도 되지 않을 정도로 급감했고, 지금은 거의 자취를 감추었다. 이 방법은 큰 효과를 발휘해 식량을 잃은 인디언 부족은 어쩔 수 없이 저항을 포기했다.

이밖에도 미국 정부는 인디언을 군대에 입대시켜 인디언 부족끼리 전쟁을 벌이도록 유도하는 분리 정책도 시행했다. 1890년까지 미국과 인디언 부족은 1,067번이나 전쟁을 벌였는데 1890년 12월 29일 운디드니 학살까지 계속되었다. 기관총으로 무장한 기병대는 무장 해제하던 중 1명의 수족 용사가 칼을 놓지 않는다는 이유로 총격을 가해 여성과 어린이를 포함해 200명 이상을 죽이는 학살을 감행했다. 이 사건은 가장 처참했던 인디언 대학살로 기억되고 있다.

인디언 정벌은 서부 지역 개발을 위한 장애물을 없애는 것이었지만, 이 과정에서 미국 정부 역시 엄청난 군비를 소진했고 부당한 정책 때문에 여론의 뭇매를 맞았다. 상황이 심각해지자 미국 정부는 인디언 정책을 대대적으로 수정했다. 1869년에 미국 의회가 '인디언 전담 위원회'를 설립했다. 이 위원회는 재정부와 함께 인디언 토지 할양 보상에 이용할 예산을 관리하고 거주지 및 자원 등을 책임졌다. 또다시 1871년에 의회는 '인디언 예산법'을 통과시켰다. 이때부터 조약 체결을 통해 인디언 부족의 토지를 강탈했던 법이 폐지되고, 예산 방식을 통해 인디언의 토지와 자원을 확보했다. 이로써 인디언은 문명의 혜택을 전혀 받지 못했던 지위에서 벗어나 법률적으로나마 미국의 지배를 받게 되었다.

1887년 2월, 미국 의회는 상원의원 도스의 제안으로 만들어진 인디언 일반 토지 할당법인 도즈법을 통과시켰다. 이 법안은 인디언 부족을 해산하고 이들의 토지를 인디언 개인에게 나누어주지만 25년간 미국 정부의 신탁 아래 관리된다고 규정했다. 또한 관리 기한이 만료된 뒤에는 토지 소유권을 개인에게 넘겨주고 미국 시민 자격을 부여하며, 부족 성인에게 나눠준 후 남은 토지는 일반인에게 개방한다는 내용도 담고 있었다. 도즈법은 인디언 토지를 강탈하는 것이나 다름없었기 때문에 한때 인디언의 반발을 사기도 했다. 하지만 이 법안은 인디언을 미국의 자본주의 사회에 융합시키고 법률적 지위를 개선해 미국 시민으로 전환하려는 정책이었다. 결국 이 법안은 인디언이 현대 문명 생활을 받아들이는 기반이 되었다. 도즈법을 전환점으로 이후 미국 인디언 문제는 새로운 국면을 맞이하게 되었다.

1890년에 서진 운동이 공식적으로 종결되었다. 서진 운동과 영토 확장은 동시에 실행되었으며 서부 지역을 개발하면서 미국 경제가 크게 발전했다. 하지만 서진 운동으로 인디언은 대량 학살당했고 살아남은 자들은 더욱 황량한 거주지로 이주할 수밖에 없었다. 인디언은 자신들이 쫓겨 가던 길을 '눈물의 길'이라고 불렀다.

객관적으로 살펴보면 서진 운동은 도시화, 산업화, 아메리카 민족 대융합의 과정이었다고 평가할 수 있다. 이것은 미국의 경제, 정치, 사회에 커다란 영향을 미쳤다. 어떤 사람은 "일부 미국 역사는 거의 서부 지역 식민사라고 해도 과언이 아니다"는 말까지 남겼다. 서진 운동은 미국을 완전히 탈바꿈시켰다. 드넓은 황무지를 개척하고 대량의 자본주의 농장이 들어섰으며 서부 농업의 발전으로 산업 성장에 기반이 되는 많은 식량, 원자재, 수출품, 내수 시장을 확보했다. 미국 노동력 구조 역시 크게 변했다. 미국 국내에 통일된 큰 시장을 형성해 동서부 지역의 무역이 상호 보완적인 관계를 형성하며 빠르게 발전했다. 서부 자원을 개발하고 이용하면서 산업 발전의 수요를 만족시킬 수 있었고 교통운수업도 빠르게 성장했다. 이렇듯 서진 운동은 미국인에게 혁신과 활력을 불어넣어 미국의 종합 국력과 국제적 위상을 드높였다. 또한 미국의 경제 발전에 날개를 달아주었다는 중요한 의미를 가진다.

제 3 회   올 림 픽

1904년 7월 1일, 제3회 하계올림픽이 미국 세인트루이스에서 개최되었다. 미국에서 처음으로 개최된 이 올림픽의 일화는 세인트루이스에 전 세계의 시선을 집중하게 만들었다.

초기 현대 올림픽은 많은 난관에 부딪혀 평탄치 못한 길을 걸었다. 당시 세계는 정치적으로 혼란을 겪고 있었고 교통수단도 발달하지 못했을 뿐더러 올림픽을 그다지 중시하지도 않았다. 하지만 스포츠 산업이 발달한 미국은 처음부터 올림픽을 이끈 주전 선수나 다름없는 역할을 맡았다. 미국 선수들 역시 올림픽에서 눈부신 성과를 거두곤 했다. 올림픽의 세계화를 이루겠다는 목표를 세운 국제올림픽위원회는 미국 선수들이 아테네와 파리 올림픽에서 거둔 성과를 높이 평가하며 1901년 5월 21일 4차 총회에서 제3회 올림픽 개최지를 미국 시카고로 정했다. 프랑스 파리에서 전해진 이 낭보는 시카고 시민을 흥분의 도가니로 몰아넣고 최초 후원액으로 12만 달러나 모았다. 하지만 축하 행렬이 이어진 후 갑작스런 변화가 발생했다. 세인트루이스가 올림픽 개최 의사를 밝힌 데다 시어도어 루스벨트 대통령의 지지까지 얻어낸 것이다. 국제올림픽위원회는 여러 번의 토론 끝에 1902년 파리 연차 총회에서 세인트루이스를 제3회 올림픽 개최지로 발표

제3회 올림픽 포스터.
1904년 7월 1일, 개막식이 세인트루이스 워싱턴 대학
스타디움에서 열렸다. 하지만 쿠베르탱 국제올림픽위원회
의장과 시어도어 루스벨트 미국 대통령은 불참했다.

하기에 이르렀다. 이 결정의 배후에는 많은 일화들이 숨어 있다.

국제올림픽위원회는 파리에서 제2회 올림픽을 개최한 후 다음 올림픽 개최지로 미국의 도시를 고려하고 있었다. 근대 올림픽의 창시자인 쿠베르탱 남작이 목표한 올림픽 세계화의 이상을 실현할 수 있기 때문이다. 그래서 먼저 미국 북부 공업 도시 시카고를 선정했지만 얼마 뒤 예상치 못한 경쟁자 세인트루이스가 등장했다. 두 도시는 올림픽 개최권을 따내기 위해 치열한 경쟁을 벌였다. 한 치의 양보가 없는 상황에서 결국 미국 대통령이자 미국 올림픽위원회 명예 의장인 시어도어 루스벨트에게 결정권이 맡겨졌다. 루스벨트는 다양한 상황과 관련 인사들의 의견을 구한 후 세인트루이스의 손을 들어주었다. 국제올림픽위원회 의장인 쿠베르탱은 루스벨트의 의견을 존중해야 한다고 강력하게 주장했다.

마침내 제3회 올림픽 개최지로 세인트루이스가 선정되었다. 미시시피 강 오른쪽에 위치한 세인트루이스는 당시 교통이 편리하고 산업이 발달한 미국의 8대 도시였다. 하지만 시카고는 세인트루이스에 비해 인구나 경제력에서 훨씬 뒤처져 있었다. 세인트루이스가 올림픽 개최지를 빼앗아 올 수 있었던 결정적 이유는 박람회 때문이다. 세인트루이스의 도시 창립 100주년을 기념하는 세계박람회 개최 연도가 1903년에서 1904년으로 미뤄졌기 때문이다. 즉, 세계박람회와 올림픽을 함께 개최해 더욱 빛을 발하고자 한 의도가 숨어 있었다.

1904년 7월 1일, 제3회 올림픽 개막식이 세인트루이스 워싱턴 대학 스타디움에서 열렸다. 4만여 명의 관중을 수용할 수 있는 스타디움이었지만 정작 세인트루이스에서 올림픽을 개최하자고 강력하게 주장한 루스벨트 대통령은 개막식에 참석하지 않았다. 더군다나 쿠베르탱 국제올림픽위원회 의장까지 개인적인 사정으로 참석하지 못했다. 국가의 원수와 국제올림픽위원회 의장은 올림픽 개막식과 폐막식에 참석하는 것이 관례였기 때문에 두 명 모두 개막식에 불참하는 것은 보기 드문 일이었다. 처음부터 세인트루이스 올림픽에 먹구름이 드리우는 순간이었다.

더군다나 제3회 올림픽은 11월 23일이 되어서야 막을 내렸다. 5개월 넘게 진행되어 올림픽 역사상 최장 기간 올림픽으로 불린다. 아이러니하게도 올림픽 참가국은 12개국에 불과해 역대 올림픽 중 최소 참가국 올림픽

쿠베르탱(1863~1937년)　현대 올림픽 경기의 창시자, 사학자, 교육가, 문학 예술가. 1863년 파리 귀족 가문에서 태어나 수준 높은 교육을 받았다. 1894년 그의 적극적인 노력과 철저한 준비 속에서 파리 국제스포츠회의가 열렸고 국제올림픽조직위원회가 설립됐다. 재임 기간 동안 올림픽 개최, 조직 등과 관련된 자세한 계획과 틀을 마련해 현대 올림픽의 아버지로 불린다. 1937년 9월 2일 제네바에서 병으로 세상을 떠났다. 그의 시신은 국제올림픽위원회 본부 소재지인 로잔에, 심장은 올림픽 경기 발원지인 올림피아에 묻혀 있다.

1 제3회 올림픽 경기 장면. 5개월 넘게 진행되어 역사상 최장 기간 올림픽으로 불리지만,
  역대 올림픽 중 참가국이 가장 적은 올림픽으로도 기록되고 있다.
2 미국 대통령 시어도어 루스벨트. 세인트루이스에 올림픽을 유치하기 위해 노력했지만
  정작 경기에 관련된 일에는 아무런 관심을 쏟지 않았다.

으로 기록되고 있다. 유럽 선수들을 미국으로 데려오기 위해서 주최국인
미국이 배를 보내기도 했지만 아무런 소득이 없었다. 당시 유럽과 미국 사
이의 교통수단은 증기선밖에 없었다. 뱃삯이 비쌌을 뿐만 아니라 10일이
나 걸리는 먼 거리였기 때문에 유럽 각국 선수들에게 미국은 꿈에나 밟아
볼 땅으로 여겨졌다. 또한 러일전쟁의 우려로 프랑스를 포함한 많은 유럽
국가들이 불참했다. 영국이 1명, 독일 17명, 그리스 14명, 오스트리아 2명,
헝가리 4명, 스위스 1명으로 7개 국가에서 총 41명으로 구성된 유럽 선수
단만을 보냈다. 더군다나 이중 일부 국가의 선수들은 미국에서 살고 있는
교민이거나 유학생이었다.

  유럽을 제외하고는 주최국인 미국, 쿠바, 캐나다, 오스트레일리아, 처음
으로 참가하는 남아프리카공화국 등 5개국만이 참가했다. 참가 선수는 모
두 651명으로 이중 여자는 6명이었는데 모두 미국인이었으며, 전체 선수

들 중에서도 대부분이 미국 선수였다. 두 번째로 참가 선수가 많은 캐나다의 경우는 41명밖에 되지 않았다. 해외 선수가 모두 100명이 안 되는 상황이었기 때문에 복싱, 자유형 레슬링, 양궁, 테니스, 수구 등 일부 경기에는 미국인만 출전하기도 했다.

제3회 올림픽에서는 경기 종목도 일부 변경되었다. 제2회 올림픽의 경기 종목인 승마, 요트, 자전거, 사격 등이 포함되지 않은 반면 복싱, 필드하키 등을 포함시켰다. 또한 제1회 올림픽의 경기 종목인 역도를 새롭게 부활시켰다. 세인트루이스 올림픽은 경기장과 스포츠 시설 등이 낙후되어 사람들의 불만을 샀다는 점에서 파리 올림픽과 비슷한 면이 많았다. 또한 올림픽은 박람회로 인해 더 큰 타격을 입어 박람회의 조연 및 상품을 선전하는 마케팅 도구로 전락하고 말았다.

육상 경기는 워싱턴 대학의 세인트루이스 분교 운동장에서 진행되었다. 결승 경기는 8월 말부터 9월 초까지 1주일로 정해졌는데 두세 나라가 참가하는 경우가 많았고, 어떤 경기는 미국만 참여하는 것도 있었다. 육상 경기에서는 모두 16개의 올림픽 신기록이 수립되었고 이중 2개는 세계 신기록이었다. 이번 올림픽에서 처음으로 10종 경기가 편성되었다. 경기 일정은 하루로 정해졌고 경기 종목은 100야드(91.44미터)달리기, 투포환던지기, 높이뛰기, 880야드계주, 해머던지기, 장대높이뛰기, 120야드장애물넘기, 멀리뛰기, 아령던지기, 1마일달리기로 현재의 10종 경기와는 다소 차이가 있다.

수영 경기는 박람회장 옆에 있는 인공 수영장에서 진행됐다. 제1회의 차가운 바닷물과 제2회의 급물살의 강보다는 경기 진행에 무리는 없었다. 하지만 물속의 부표를 출발대로 삼았는데 6~8명의 선수들이 그 위에 서면

하중을 견디지 못해 무릎까지 가라앉기도 했다. 처음으로 도입한 다이빙 종목에는 다이빙대에서 뛰어내리는 것 이외에 멀리다이빙하기 종목도 있었다. 제3회 올림픽의 수영 경기는 야드나 마일로 거리를 측정했기 때문에 공식적인 올림픽 기록은 없다.

현재 선수에게 수여하는 금, 은, 동메달은 제3회 올림픽에 처음으로 등장했다. 메달은 직경 30밀리미터의 원형 모양으로 위에는 날개를 단 여신상과 올리브 가지 그림이 새겨져 있고 미국과 세인트루이스 글자도 새겨져 있다.

세인트루이스 올림픽에 대한 사람들의 평가는 서로 다르지만 파리 올림픽과 비교해서는 성공적이었다고 할 수 있다. 하지만 이번 올림픽을 계기로 국제올림픽위원회와 스포츠계 인사들은 올림픽과 세계박람회를 함께 개최해서는 안 된다는 사실을 뼈저리게 느끼게 되었다. 올림픽이 박람회와 함께 관심의 대상이 되기는커녕 오히려 전시품이나 선전의 수단으로 퇴색해버렸기 때문이다. 더욱 안타까운 일은 관중들의 수가 매우 적었다는 것이다. 가장 인기가 많은 육상 경기도 관중 수는 겨우 1,000명을 넘을 뿐이었다. 결국 미국의 올림픽 개최 방식이 올림픽 정신을 훼손했다는 사실을 보여주기에 충분했다.

올림픽 기간 중에는 불미스러운 사건도 여러 건 발생했다. 조직위원회의 최대 실수는 '인류의 날'을 제정한 것이다. 식민 시대의 정신이 그대로 남아 있는 미국은 선수들을 아프리카 난쟁이, 일본 아이누, 필리핀 차모로족, 미국 인디언으로 분장시켜 장대 오르기나 진흙탕 싸움 등의 경기에 참가시켰다. 이런 인종 차별적인 행위는 사람들의 강한 분노를 샀다.

이밖에 경기장에서도 소란이 발생했다. 미국 선수 프레드 로어즈가 마라

톤에서 우승을 차지했을 때의 일이다. 로어즈가 가장 먼저 결승점을 골인해 사람들의 환호를 받으며 영웅으로 추대되었다. 대통령의 딸인 앨리스 루스벨트가 직접 그에게 메달을 수여하고 함께 사진도 찍었지만 우승자인 로어즈가 경기 도중 자동차를 타고 왔다는 사실이 알려졌다. 진상이 드러나자 로어즈의 금메달은 두 번째로 결승점을 통과한 토머스 힉스에게 넘어갔다. 하지만 힉스 역시 미국에 또 다른 수치를 안겨 주었다. 힉스는 흥분제를 복용하고 우승을 차지했지만 당시에는 흥분제를 검출하는 시스템이 갖춰져 있지 않았다.

**위대한 문학가
마크 트웨인**

미주리 강과 미시시피 강이 만나는 곳, 미주리 주. 길지 않은 역사 속에서 수많은 인재들을 배출한 것은 아마도 이러한 지리적 조건 때문이 아닐까? 정치, 경제계뿐만 아니라 문화 분야에서도 인재들은 저마다 중요한 역할을 했다. 미국 역사상 가장 위대한 작가로 칭송받는 마크 트웨인(1835~1910). 그는 미주리 주가 배출한 가장 유명한 인재다.

미국 문학계의 링컨

1835년 11월 30일, 미주리 주 플로리다에서 사무엘 랭혼 클레멘스가 태어났다. 이 갓난아기가 바로 필명으로 더욱 유명한 마크 트웨인이다.

존 클레멘스의 여섯 번째 아들로 태어난 사무엘은 소매점 주인, 변호사, 판사, 토지 거래인 등 여러 직업을 거쳤다. 당시 동부에 정착한 많은 미국인들처럼 클레멘스 일가 역시 부를 이루겠다는 부푼 꿈을 안고 버지니아를 떠나 미시시피 강 연안 지역에 정착했다. 제퍼슨 대통령이 루이지애나를 매입한 뒤에 미시시피 강 연안 지역은 개방적인 지역으로 바뀌어 활기가 넘쳐나는 한편 민족 내전의 위기가 감돌고 있었다.

새로운 아메리카의 중심 지역인 미주리는 미국이 프랑스와 스페인 식민 주의자들을 정복한 후 인디언에게서 빼앗은 땅이다. 이 지역은 미국의 동쪽과 서쪽을 잇는 중심지로 미국의 대동맥이라고 불렸다. 몰려드는 수많은 이민자들, 화물마차, 고향의 작은 상점, 아연 도금 철로 덮은 교회, 변호사 사무실, 인쇄소, 의사, 순식간의 파산, 최악의 투자, 소작인 그리고 노예제 등등. 생기가 넘치는 이 땅은 미국의 모든 특징과 개방 정신을 상징했다. 시간이 흐를수록 영토는 점차 확대되고 발전을 거듭해 주로 승격되었다. 이런 환경 속에서 마크 트웨인이 탄생했다.

마크 트웨인의 가족은 그가 네 살 되던 해에 미시시피 강 연안의 번화한 작은 도시 해니벌로 이사했다. 그의 유년 시절은 해니벌에서 보낸 추억으로 가득하다. 하루 세 번 증기선이 기적을 울리며 연안에 정박했는데 곡예단, 흑인 극단, 선교사들이 쉴 새 없이 이 도시를 드나들었다. 대장장이, 가죽 기술자들도 자신들의 솜씨를 뽐내기 바빴다. 이 작은 도시에는 어느 정도 규모를 갖춘 도서관도 있었다. 하지만 해니벌에서는 폭력 사태도 빈번하게 발생했다. 마크 트웨인이 아홉 살 때는 목장주가 한 뜨내기에게 살해당하는 것을 봤고, 열 살 때는 백인 감독관이 노예를 때려죽이는 장면도 목격했다.

그의 아버지 존 클레멘스는 많은 돈을 벌려고 했지만 꿈을 이루기는커녕 가족들의 생계조차 책임지지 못했다. 마크 트웨인은 유년 시절에 아버지가 웃는 모습을 한 번도 본 적이 없었다고 술회했지만 어머니의 성격은 밝고 긍정적이었다. 그녀는 삶의 즐거움을 찾아내고 따뜻하며 정이 넘치는 가정주부였다. 1847년에 아버지가 세상을 떠난 뒤 그의 가족은 거의 빈털터리나 다름없었다.

소년 마크 트웨인은 어쩔 수 없이 살 길을 찾아나서야 했다. 그는 학교를 그만두고 지역 신문사에서 약간의 식량만 받는 인쇄 견습공으로 들어갔다. 1851년에 형 오라이언이 신문사를 개업하자 그는 식자공으로 들어가 유머러스한 작품을 쓰기 시작했다. 1856년에 뉴올리언스로 간 마크 트웨인은 브라질로 떠나길 원했다. 배를 타고 미시시피 강을 남하하고 있을 때 늙은 조타수 호레이스 빅스비를 만나서 조타수 일을 배웠다. 18개월 뒤에 조타수 면허를 딴 마크 트웨인은 내전이 발발해 해운 교통이 두절될 때까지 미시시피 강의 조타수 노릇을 했다. 그는 미시시피 강의 거친 물살을 가르며 증기선을 몰았다. 마크 트웨인은 보수도 두둑하고 사람들의 존경도 받을 수 있는 이 일을 좋아했다. 하지만 1861년 남북전쟁이 터지자 미시시피 강의 대다수 사람들이 이용하던 해운 교통이 단절되고 말았다. 또다시 마크 트웨인은 인생의 갈림길에 서게 되었다.

1861년 7월에 형 오라이언이 링컨 대통령의 부름을 받고 서부 네바다 주 정부 장관직을 맡았는데, 이때 마크 트웨인은 형과 동행했다. 그는 대중마차를 타고 네바다 주와 캘리포니아 주를 오가며 그 지역에서 5년 정도 살 계획을 세웠다. 처음에 그는 금광이나 은광을 찾으면 가족이 가난에서 벗어날 수 있을 것이라 믿었고, 샌프란시스코와 버지니아에서 으뜸가는 부자가 되리라 마음먹었다. 하지만 그의 바람대로 되기는커녕 1862년에는 파산하여 끼니를 위해 다시 일자리를 찾아야 할 상황이 되고 말았다. 그는 일자리를 찾아다녔고, 9월쯤 네바다 주의 한 신문사에 기자로 취직했다. 뉴스, 평론, 수필 등 가리지 않고 글을 쓰던 그는 1863년부터 '마크 트웨

1 위대한 문학가 마크 트웨인. 미시시피 강에서
태어나서 성장한 마크 트웨인은 미주리 주에서 배출한 가장 위대한 인물로 존경받고 있다.
　　2 당시 미시시피 강을 운항하던 터빈선. 마크 트웨인은 젊은 시절 조타수로
미시시피 강의 거친 물살을 가르며 증기선을 몰았다. 그는 이 일을 무척 좋아했다고 한다.
　　3 마크 트웨인의 대표작 『톰 소여의 모험』.
이 작품은 출판뿐 아니라 수차례 영화나 만화영화로도 제작되었고,
전 세계적으로 시대를 뛰어넘어 많은 사람들의 사랑을 받고 있다.
　　4 마크 트웨인의 또 다른 대표작인 『허클베리 핀의 모험』.
가난한 백인 소년 허클베리와 흑인 노예 짐의 모험은
그 당시 작가의 민주적인 이상을 대변한다.
　　5 마크 트웨인은 사업에 실패하고, 사랑하는 딸들과 아내를
먼저 보낸 슬픔에 병까지 얻어 불행한 말년을 보냈다.

91

마크 트웨인은 미국에서 독특한 위치를 차지하고 있다.
그는 헤밍웨이가 "미국 소설은 마크 트웨인에서 시작되었다"고 말했을 정도로 위대하며,
사람들에게 가장 큰 사랑을 받은 가장 평민적인 작가이자 우상이었다.

인'이라는 필명을 사용하기 시작했다. 이는 뱃사람들의 은어로 선체에서 물에 잠기는 길이가 12피트(약 3.7미터)라는 것을 의미한다. 1864년에 마크 트웨인은 캘리포니아에서 유머 작가인 아테머스 워드와 브렛 하트의 격려와 도움을 받으며 실력을 향상시킬 수 있었다. 1865년에 뉴욕의 한 잡지에 「캘리베러스의 명물 뜀뛰는 개구리」로 등단했으며, 이어서 「철부지의 해외여행기」를 발표하면서 인기를 얻기 시작했다. 이후에도 그는 유머러스한 글을 자주 기고했다.

얼마 후 마크 트웨인은 미국 서부 지역에서 가장 유명한 작가로 성장했다. 그는 간단하고 이해하기 쉽고 운치가 넘치며 때로는 교만한 태도를 보이는 등, 자신의 본래 성격과는 다른 글쓰기 스타일을 가지고 있었다. 서른네 살이 되던 해에 그는 미국에서 가장 명성이 높고 큰 사랑을 받는 작가 반열에 올랐다.

1870년 2월, 마크 트웨인은 뉴욕 석탄업의 부유한 중개상의 딸인 스물

네 살의 올리비아 랭던과 결혼했고, 그 후 그의 사회적 지위는 더욱 높아졌다. 결혼 후 친구에게 쓴 편지에서 그는 이 행운에 대한 감정을 솔직하게 털어놓았다. "내가 유일하게 사랑하는 사람이 있네. …… 그녀는 가장 완벽한 보물이라네." 트웨인 부부는 버팔로에 정착했고 이후 4명의 자녀를 낳았다. 1872년 출판한 『고난을 넘어』는 서부 신개발지역에서 지냈던 경험을 바탕으로 쓴 글이다. 이 책에는 알려지지 않은 재미있는 이야기, 특히 미국 서부 지역의 특색이 가득한 유머러스한 이야기를 담고 있다.

1871년에 마크 트웨인은 동부 코네티컷 주 하트퍼드로 이사했다. 이때 그는 이미 유명한 작가이자 유머 연설가로 이름을 높이고 있었다. 이후 몇 년은 그의 창작 활동이 가장 왕성하던 시기였다. 1875년에 마크 트웨인은 편집장이던 하월스와의 약속으로 평론지 「애틀랜틱 먼슬리」에 글을 게재했다. 유년 시절 미시시피 강에서 조타수를 했던 삶을 소재로 삼아 7편의 글을 썼고 나중에 『미시시피의 옛 시절』이라는 제목으로 엮었다. 8년 후 고향으로 돌아온 그는 이 책의 내용을 보충해서 『미시시피 강의 추억』이라는 제목으로 다시 출판했다.

1876년에 장편 소설 『톰 소여의 모험』이 출간되었다. 이 책은 미시시피 강의 작은 도시를 배경으로 한 성장 소설인데, 모든 연령 대의 독자들에게 사랑을 받았다. 이 책은 장난기 가득한 톰과 친구 허클베리 핀, 톰의 여자 친구 베키의 신나고 즐거운 일상을 소개하고 있다. 작가의 어린 시절이 투영된 이 소설은 어린아이들의 동심을 자극하는 재미있는 이야기로 큰 인기를 끌었다.

1884년에 마크 트웨인의 또 다른 소설 『허클베리 핀의 모험』이 출간되었다. 이 소설은 비평가들의 높은 평가 속에서 전 세계적으로 널리 사랑받았다. 하지만 난무한 욕설과 반기독교적인 내용과 '깜둥이'로 표현되는 흑인 비하 등의 문제로 일부 지역에서는 금지 도서로 분류되기도 했다.

마크 트웨인은 사업에도 많은 관심을 쏟았다. 1885년 세상을 떠난 지 얼마 지나지 않은 그랜트 대통령의 회고록을 출판해 출판업자로서 성공을 거두는 것처럼 보였다. 대부분의 시간을 이 책의 홍보 활동에 쏟았으며, 위험 부담이 크지만 노력한 만큼 반드시 풍성한 성과를 거두리라고 믿었다. 하지만 예상만큼의 수확을 얻지 못했고, 결국 파산했다. 이밖에 그는 영국 옥스퍼드 대학과 미국 예일 대학에서 학위를 수여받는 등 각종 명예로운 칭호를 받았다. 19세기 후반에 그는 가장 유명한 미국인으로서 사람들의 관심과 사랑을 받았고, 세계에서도 유명한 인물 가운데 한 명이 되었다.

1889년에 출간한 『아서 왕과 코네티컷 양키』와 『왕자와 거지』(1881년)는 영국을 배경으로 봉건제도와 종교를 풍자한 장편 소설이다. 1894년에는 『바보 윌슨의 비극』에서 전투적인 여자 흑인 노예 록시를 그려냈다. 그는 이렇게 활발한 창작활동을 하면서도 한편으로는 빚을 갚기 위해 하와이, 뉴질랜드, 오스트레일리아, 인도, 남미 등 여러 나라에서 강연을 하기도 했다. 1897년에 그는 제국주의가 식민지 국민들에게 저지르는 박해를 풍자하고 비난하는 『적도를 따라서』를 출간했다. 트웨인의 이후 작품에서 제국주의 반대는 그의 핵심 사상이 되었다.

1896년 15세기 프랑스의 민족 영웅 잔 다르크의 일생을 그린 『잔 다르크에 대한 개인적인 회고』를 출판했다. 1898년에 마크 트웨인은 모든 빚을 청산했고, 1900년 10월에 미국을 떠나 십 년 가까이 유럽을 여행하다가 다시 미국으로 돌아왔다. 이때 열렬한 환영과 함께 문학계 거장의 대우를 받았다. 1900년 이후 발표한 작품들에서도 그는 여전히 뛰어난 글솜씨를 보여주었다.

　문학계에서 마크 트웨인은 재기와 유머, 진리를 탐구하는 날카로운 시각을 가진 미국의 민족 영웅으로 불렸다. 하지만 말년에는 연이은 불행으로 심적 고통을 겪어야 했다. 사랑하는 딸 랜던이 디프테리아로 사망했고, 1896년에는 스물네 살의 수지가 뇌막염에 걸려 세상을 떠났다. 막내딸 진이 스물아홉 살에 심장병으로 죽는 바람에 딸 셋을 떠나보냈다. 하지만 그나마 건강했던 딸 클라라와는 사이가 좋지 않았고, 1904년 6월에는 아내 올리비아를 떠나보내야 했다. 1910년 4월 21일에 마크 트웨인은 코네티컷 주 레딩에서 74세로 세상과 작별했고 뉴욕 주 엘미라에 묻혔다.

　평론가들은 마크 트웨인의 명성은 처음부터 미시시피 강과 자신의 어린 시절에 의지하지 않고 유럽에서 문학적 의미를 배워 왔기 때문이라고 말한다. 그의 독특한 서술 방식과 관점은 그가 전형적인 미국인으로 세계적인 작가가 되어 1세기 전 디킨스처럼 세계적인 명성을 얻는 데 일조했다. 또 다른 위대한 소설가 헤밍웨이 역시 미국 소설은 마크 트웨인에서 시작되었다고 말한 적이 있다. 사람들에게 큰 사랑을 받은 평민적인 작가인 그는 미국인들의 마음속에 가장 순수하고 자연과 가까운 우상으로 자리 잡고 있다.

미 시 시 피　강 의　선 원

마크 트웨인이 세상을 떠난 지 100년이 지났지만, 미시시피 강에 남아 있는 그의 흔적은 영원히 사라지지 않을 것이다. 그가 유년 시절을 보냈던 해니벌에는 지금도 많은 관광객들이 방문하고 있다. 인구가 만여 명밖에 되

미시시피 강변에 자리 잡고 있는 작은 도시 해니벌에 가장 많은 부를
안겨주고 있는 마크 트웨인의 옛집. 해니벌은 마크 트웨인의 대표작인
「톰 소여의 모험」과 「허클베리 핀의 모험」의 배경이 되었다.

지 않는 소도시에서 그의 집은 최대의 관광 명소로 손꼽힌다. 그가 살았던
집과 거리는 여전히 당시의 모습을 유지하고 있다. 마크 트웨인 박물관, 마
크트웨인호, 그와 톰의 동상 등도 언제나 관광객들의 시선을 사로잡는다.

　그의 인생에서 가장 아름다웠던 시절은 해니벌에서 보낸 유년 시절이었
다. 대표작인 『톰 소여의 모험』과 『허클베리 핀의 모험』이 이곳을 배경으
로 그려졌다. 미국의 저명한 작가인 헤밍웨이는 "미국의 현대 문학은 이
책에서 시작되었다. 바로 『허클베리 핀의 모험』이다"라는 말을 남기기도
했다. 재미있는 것은 세계 각지에서 매년 약 10만 명의 여행객이 이곳을
방문하는데 모두 톰과 허클베리의 흔적을 찾는다는 것이다.

　『톰 소여의 모험』은 해니벌을 중심으로 작가의 경험을 소재로 쓴 장편 소
설이다. 이 책에서 트웨인은 미시시피 강의 자연 생활을 낙원처럼 그려놓
았다. 어린 소년 톰은 주일학교의 위선과 허세, 소시민의 보수적인 삶, 지
루한 설교 등에 싫증을 느낀다. 단조롭고 무료한 생활에 지친 톰과 친구들

미시시피 강에 정박해 있는 옛 터빈선.
마치 사람들에게 마크 트웨인의 이야기를 들려주는 듯하다.

은 재미있고 신기한 모험의 세계로 떠난다. 트웨인은 이렇게 대자연과 하나가 된 소년들의 활발한 치기를 그리며 소년기의 낭만적인 꿈과 순수한 호기심과 즐거움을 생동감 있게 묘사했다.

똑똑하고 의협심이 강한 톰과 몇몇 친구들의 모험 이야기는 소설의 클라이맥스다. 잔소리 심한 폴리 이모의 회초리를 어떻게 피했을까? 선생님에게 벌을 받지 않으려면 어떻게 해야 할까? 바로 이런 점들이 또래 소년들을 자극해 책으로 빠져들게 했다. 말썽꾸러기 톰은 기지를 발휘해 어른들을 골탕 먹이며 즐거운 나날을 보낸다. 또한 소년의 눈으로 바라본 어른들의 위선과 당시 사회에 대한 풍자가 담겨 있어 성인 독자들도 즐겨 읽는 책으로 자리매김했다.

또 다른 대표작 『허클베리 핀의 모험』에서도 해니벌의 모습을 찾아볼 수 있다. 이 소설은 『톰 소여의 모험』과 내용이 이어지는데 주인공이 톰에서 가난한 백인의 아들인 허클베리로 바뀌었을 뿐이다. 허클베리는 술꾼인 아버지의 폭력과 규율을 견디지 못해 집을 나온다. 길에서 만난 흑인노예 짐과 함께 뗏목을 타고 미시시피 강을 따라 자유주를 찾아 떠나는 허클베리는 정규 교육을 받은 적이 없고 거짓말을 잘 하지만, 본성은 착하고 농담하는 것을 좋아하며 동정심이 넘치는 소년이다. 그는 짐을 숨겨주면서도 인종차별 관념으로 고민하고 자유주에 가까워질수록 점점 갈등하게 된다. 그가 성장한 노예주의 법률에 따르면 흑인 노예의 도망을 도와주는 것은 유죄이기 때문이다.

허클베리의 행동은 자유와 평등을 추구하는 작가의 민주적인 이상을 대변한다. 이 소설은 남북전쟁이 발발하기 직전의 사회를 배경으로 하여 여러 가지 사회상을 보여주고, 많은 인물들이 등장한다. 또 순수하게 구어체만을 사용하여 미국 문학의 구어체 전통을 열었다는 평가를 받고 있다.

문학의 대가 마크 트웨인 외에도 미주리 주에서는 미국 역사상 중요한 정치적 인물인 해리 S. 트루먼(1884~1972, 33대, 재임 1945~1953) 대통령이 배출되었다. 그는 제2차 세계대전에서 독일의 항복과 태평양전쟁에서 일본 쇼와 천황에게서 항복을 받았으며 한국전쟁 당시 미국의 대통령이었다. 세계 최초이자 유일한 핵공격 명령을 내린 대통령이며 학위가 없는 마지막 대통령으로, 극단적인 인기와 비난을 온 몸으로 겪으며 정치 생활을 했던 대통령으로 기억되고 있다.

학 위 없 는 마 지 막 대 통 령

해리 트루먼은 제34대 미국 부통령(1945년)으로 당선되었다가 병으로 세상을 떠난 프랭클린 D. 루스벨트(1882~1945, 32대, 재임 1933~1945) 대통령의 뒤를 이어 제33대 미국 대통령이 되었다.

1 대학을 나오지 않아서 학위가 없는 마지막 대통령 해리 트루먼. 그는 부통령이 된 지 85일 만에 루스벨트의 죽음으로 갑자기 대통령이 되었다.

2 트루먼의 생가. 트루먼은 미주리 출신의 유일한 대통령으로 2차 세계대전 말기부터 냉전시대 거치는 그의 재임기간에는 일본 원폭투하, 트루먼 독트린, NATO 창설, 한국전쟁, 맥아더 경질, 매카니즘 대응 등을 결정했다.

트루먼은 1884년 5월 8일에 미주리 주 라마에서 태어났다. 그의 아버지 존 트루먼은 농부이자 가축을 팔던 상인이었다. 트루먼이 11개월 되었을 때 가족이 미주리 주의 한 농장으로 이사 갔다가, 여섯 살 되던 해에 학업을 위해 다시 인디펜던스로 옮겼다. 1901년 고등학교를 졸업한 트루먼은 성직에 종사하다가 1906년 농장으로 돌아와 10년을 지냈다. 이때 트루먼은 훗날 퍼스트레이디가 될 베스 월러스를 만난다. 이렇게 대학에 진학하지 않은 트루먼은 결국 학위가 없는 마지막 대통령이 되었다.

미국이 제1차 세계대전에 참전한 지 얼마 지나지 않아 트루먼은 미주리 주 소위 방위대에서 군관을 맡았고 포병부대를 이끌고 프랑스로 떠났다. 트루먼은 어렸을 적에 책을 너무 많이 읽어서 시력이 나빠져 군에 입대할 수 없었지만, 신체검사를 받기 전에 시력 검사표를 모두 외워서 순조롭게 검사를 통과했다는 재미있는 일화가 있다. 프랑스로 떠나기 전에 트루먼은 오클라호마 주 포트실에서 훈련을 받았다. 훈련 기간 동안 그는 군영의 판매부를 관리해 대부분의 사병들과 친분을 쌓았다. 프랑스 전쟁터에서 트루먼의 포병부대는 탁월한 전과를 거두었고 이후에 그는 방위대 육군 중령으로 진급했다.

1차 세계대전이 종결되고 인디펜던스로 돌아온 그는 1919년 6월 28일 열렬히 사랑하던 베스 월러스와 결혼했고, 곧이어 딸 마가렛을 낳았다. 결혼한 지 한 달 뒤에 트루먼은 포트실과 해외 복무 기간 동안 번 돈으로 친구 제이콥슨과 '트루먼&제이콥슨'이라는 양복점을 차렸다. 처음 2년간 양복점은 큰 성공을 거두었다. 하지만 1922년 곡물 시장에 불경기가 닥쳤고, 비단으로 만든 의류의 공급 과잉 현상이 나타났다. 양복점의 주 고객은 트루먼이 있던 포병부대 군인들이었기 때문에 결국 양복점은 파산하고 말았다. 이후 정계에 입문하기로 결심한 트루먼은 민주당에 입당했다.

1922년에 트루먼은 캔자스시티 민주당의 지도자인 토머스 팬더가스트의 도움으로 미주리 주 잭슨 카운티법원의 판사로 당선되었다. 이 직책은 특성상 잭슨 카운티 대표와 가까워질 수밖에 없으며 정치적인 성격이 다분하고 심리사건을 맡지 않아도 되는 자리였다. 1924년 재임에 실패했지만 1926년에 다시 당선되었고, 1930년에도 재선에 성공했다. 재임 기간 동안 그는 성실하게 임무를 수행했고 그중 대형 공공 인프라 건설 프로젝트로 높은 평가를 받았다. 이 건설 프로젝트에는 도로 확충과 잭슨 카운티법원 건물 증축이 포함되어 있었다. 이밖에도 국가에 공헌한 뛰어난 여성을 기리기 위해서 동상을 세우기도 했다.

1934년 미국 상원의원 선거에서 팬더가스트가 미주리 주 상원의원 경선 주자로 트루먼을 지정하고, 루스벨트 대통령의 뉴딜 정책을 지지했다. 상원의원 선거 기간 동안 캔자스시티에서 3명이 살해당하는 사건이 발생했지만 선거는 중단되지 않았고 결국 트루먼이 당선되었다. 상원의원 초기에 그는 팬더가스트의 영향을 받아 뉴딜 정책을 적극 지지했다. 얼마 후 선거에서 부정한 수단을 쓴 것 때문에 팬더가스트는 실권했지만, 트루먼은 상원의원 재선에 성공했다.

2차 세계대전 기간 동안 트루먼은 전쟁조사위원회에서 군의 행정 혼란, 예산 낭비, 부정 등과 관련한 스캔들을 조사했는데, 이 덕분에 명예와 명성을 얻으며 「타임」의 지면을 장식하기도 했다. 트루먼이 상원의원을 연임하는 데 힘을 실어준 세인트루이스 민주당 대표 로버트 해니건은 1944에 트루먼을 부통령으로 지지한다는 의견을 표명했다. 당시 해니건은 민주당 전국위원회 위원장을 맡고 있었고, 루스벨트 대통령도 헨리 월러스 부통령이 자유주의를 지나치게 신봉한 탓에 새로운 부통령을 원하고 있었다. 당시 사우스캐롤라이나 주의 제임스 번스가 가장 유망한 후보였지만, 인종분리주의 출신이어서 극우주의자라는 인상이 강했다. 그래서 해니건은 시카고에서 열린 1944년 민주당 전국 대회에서 트루먼을 추천했다. 그 결과 1944년 미국 대선 때 '루스벨트-트루먼'이라는 조합이 등장했고 선거에서 압도적인 승리를 일구었다. 해니건이 트루먼을 추천한 일을 두고 매스컴은 '미주리 협정'이라고 불렀다.

1945년 4월 12일, 부통령이 된 트루먼이 국회의장 샘 레이번과 함께 있

타임 미국에서 가장 큰 영향력을 지닌 시사주간지. 세계 '역사의 보고'라고 불린다. 1923년 3월에 헨리 R. 루스와 브리턴 해든이 창간했다. 원래 이름은 「팩트」였지만, 나중에 「타임」으로 바꾸었으며 타임사가 뉴욕에서 발간했다. 주간지를 발간한 취지는 바쁜 현대인들에게 세계의 소식을 전하고 미국에서 처음으로 서술체로 시사를 전하자는 것이었다. 신문과 방송의 뉴스 독점을 깨는 대중적인 주간지인 「타임」의 편성 방식은 국내외 뉴스 잡지의 모범이 되었다. 「타임」은 유능한 기자들과 연구 인력을 확보해 현재도 세계 각지에서 영향을 미치고 있다.

을 때 백악관에서 급한 연락이 왔다. 황급히 백악관에 도착하자 엘리노 루스벨트 영부인이 루스벨트 대통령이 사망했다는 소식을 전했다. 이렇게 트루먼은 전쟁이 끝나갈 즈음 부통령이 된 지 82일 만에 34대 미국 대통령이 되었다.

극 단 적 인   평 가 를   받 은   대 통 령

대통령 자리에 오른 트루먼은 제2차 세계대전에 아무런 영향력을 발휘하지 못했다. 그는 루스벨트의 건강이 나날이 악화되는 상황에서 부통령으로 임명되어 82일간의 부통령 역할을 수행했기 때문에 두 사람이 함께 성과를 이루기란 불가능했다. 맨해튼 계획과 같은 중요한 프로젝트를 실행할 때도 트루먼은 참여하지 못했다. 하지만 전쟁이 종식된 후 그는 세계 정치 무대에서 가장 중요한 인물로 급부상했다.

제2차 세계대전 종식 후 트루먼은 미국과 소련은 더 이상 공동의 적도 없고 함께 이익도 나눌 수 없다는 사실을 인식하고 반소련 정책을 적극적으로 펼치기 시작했다. '박애주의자'인 트루먼은 UN 창립을 적극 지지했고, 전쟁 후 평화를 갈망하던 사람들의 바람에 발맞추어 영부인이었던 엘리노 루스벨트의 도움을 받아 제1회 UN 총회를 개최했다. 평소 트루먼은 외교와 관련된 일에는 항상 자신을 낮추어 말했고 의회 역시 공화당이 장악하고 있었다. 하지만 그는 미국 내 침례교의 지지를 등에 업고 트루먼 독트린을 발표하고 '마셜 플랜'을 실행했다. 트루먼 독트린은 미국의 봉쇄 정책의 시초가 되었다. 그는 의회에 4억 달러의 예산을 신청해 그리스와 터키의 반공주의 운동을 원조하기도 했다.

1 기자 회견을 하는 트루먼. 트루먼 시대의 정치적 인물인 매카시는
  미국 역사상 유례가 없는 극단적인 반공 활동과 공산주의 성격을 가진
  미국 유명인사에 대한 청문, 고소, 추방으로 알려져 있다.
2 매카시즘이 성행하던 시기의 미국 정계는 매우 긴장된 상황에 놓여 있었다.
  이로 인해 미국의 대외적 위신이나 지적 환경에 끼친 손해는 막대했다.

트루먼은 마셜 플랜에 관한 예산을 통과시키기 위해서 유럽에서 활개를 치고 있는 공산주의로 의회의 관심을 돌렸다. 그는 공산주의에 대응하기 위해서 '1947년 국가안전보장법'에 서명하고 국방부, 중앙정보국, 공군, 국가안전회의를 창설했다.

당시 미국에서는 민주당이 여러 해 동안 의회의 다수석을 차지하고 계속해서 대통령을 배출해왔던 터라 국민들이 염증을 느끼고 있었다. 이에 따라 1946년 중간 선거에서는 공화당이 다수석을 차지했다. 트루먼과 공화당 대표는 외교 무대에서는 밀접하게 협력했지만, 국내 문제에 대해서는 큰 의견차를 보였다. 1948년 대선에서 트루먼이 자신은 민주당의 일원이며 뉴딜 정책을 계속 관철할 것이라고 선언하면서 많은 정책을 제안했다. 전국의료보험을 설립하고 노조의 '태프트-하틀리 법'을 폐지했으며 공민권을 보장하는 급진적인 법안들을 입법했다. 이 정책들은 나중에 '페어딜'
(뉴딜 정책을 주로 계승한 사회복지 정책)에 포함되었지만 트루먼의 페어딜 정

책은 국민들의 지지를 얻지 못했고 주요 법안 하나만 통과되었다.

국제무대에서 트루먼이 세운 성과는 사람들의 주목을 끌었다. 1939년 트루먼은 시오니즘 운동을 지지하면서 팔레스타인에 유태인 국가를 세우자는 정책에 참여했다. 1946년 영미 조사위원회가 팔레스타인에 두 나라를 건국해서 유태인이나 아랍인이 이 지역을 지배하는 것을 미연에 방지하자는 의견을 내놓았다. 하지만 이 제안은 여론의 지지를 얻지 못했고 시오니즘 단체들이 팔레스타인에 주둔하고 있던 영국군을 습격해 영국 정부에 위협을 가했다. 영국의 압박 속에서 UN 특별위원회는 팔레스타인을 분리해 두 나라를 세우자고 제안했고, 이 제안은 트루먼의 지지를 받으며 1947년 UN 총회에서 통과되었다. 영국 정부는 1948년 5월 15일 팔레스타인에서 철군한다는 성명을 공식 발표했지만 아랍연맹회의 회원국들은 UN 결의안에 반대를 표하며 군대를 파견해 팔레스타인을 둘러쌌다. 당시 트루먼과 국무부는 팔레스타인 문제에서 극명한 의견 대립을 보였다.

트루먼의 정책에 대한 논쟁이 끊이지 않는 상황에서도 그는 1948년 대통령 선거에서 당선되었고, 연임에 성공했다. 첫 번째 임기에서는 부통령이 없었지만 두 번째 임기에는 앨번 바클리가 부통령에 당선되었다. 연임된 트루먼은 전 세계의 관심을 집중시킨 매카시즘 정책을 내놓았다.

매카시즘　　1950년 2월 9일, 조지프 매카시가 웨스트버지니아 주에서 연설한 뒤 반공주의 세력의 지도자 격으로 부상했다. 매카시는 연설 중에서 "미국 국무부에 공산주의자가 있다."라는 말을 했다. 1951~1954년에 그는 공화당이 다수를 차지하고 있던 상원의 조사위원회와 다른 기구를 이용해 미국 정부의 모든 부서와 공무원들을 대상으로 소위 '충성도 조사'라는 대대적인 정리 작업을 벌였다. 이 덕분에 매카시는 지명도를 높이고 대중의 지지를 얻었다. 1954년 12월 2일, 매카시는 민주당이 다수를 차지한 상원의 비난에 직면하게 되었고 상원에서의 모든 주도적인 직위를 잃었다. 이후 매카시즘은 빠르게 사라졌다.

1948년 8월 3일, 「타임」의 편집장 휘태커 챔버스가 북미 지역에서 활동하던 조사위원회 청문회에 명단 하나를 제출했다. 명단에는 1930년대부터 1940년대까지 미국 정부 내에서 암암리에 활동한 공산당원들의 이름이 적혀 있었다. 그중에는 앨저 히스의 이름도 있었는데, 그는 국무부 소속 관리로 UN 창설에도 참여했다. 1948년 8월 17일에 히스가 챔버스와 대질했을 때 백악관은 대중의 관심을 분산시키기 위해 조사를 중지하라는 공식 입장을 표명했다. 하지만 이러한 백악관의 반응은 오히려 큰 파장을 불러일으켰다.

1948년 11월, 챔버스가 조사원 2명을 데리고 메릴랜드 주의 한 호박밭으로 가서 속이 비어 있는 호박에서 마이크로필름 4개를 찾아냈다. 마이크로필름의 자료는 이후에 '호박 문서'라고 불렸다. 1950년 2월 9일, 공화당 상원의원 조지프 매카시가 웨스트버지니아 주의 공화당 부녀회에서 국무부가 공화당원의 문제를 분명하게 해결하지 않는다고 비난했다. 당시는 소련이 핵무기 실험을 하고 중국이 공산국가로 돌아선 시기였기 때문에, 매카시는 미국 내에서 세력이 점차 커지던 반공주의에 힘입어 대중의 지지를 한 몸에 얻으며 매카시즘 시대의 서막을 열었다.

이런 시기에 트루먼은 한국전쟁 개입을 선언했다. 주한 미군 사령관인 맥아더 장군과 마찰이 생겨서 1951년 4월 11일 트루먼이 그의 직위를 해제하고 미국으로 소환했다. 한국전쟁 참전과 맥아더 장군의 직위를 해제한 일 때문에 트루먼의 지지도는 하락했다. 이 일로 트루먼은 1952년 대선에 참여하지 않겠다고 결심하게 된다. 1952년 2월 갤럽 여론 조사에서 트루먼의 지지도는 22퍼센트밖에 나오지 않았다. 이것은 역대 대통령 중에서 가장 낮은 지지도로 기록되었다. 1950년 11월 1일, 푸에르토리코 민족

주의자 그라젤리오 토레솔라와 오스카 코아조가 영빈관에 머물고 있던 트루먼의 암살을 시도했지만 토레솔라와 경호원 1명이 사망한 끝에 실패로 끝났다. 이 혐의로 붙잡힌 코아조는 1952년 사형을 선고받았지만, 훗날 트루먼이 종신형으로 감형해주었다.

1951년에 미국 의회에서는 '제22호 수정안'이 통과되어 대통령의 3선을 금지했다. 트루먼은 이 법률의 제한을 받지 않았지만 뉴햄프셔 주에서 진행된 1차 선거에서 민주당 의원 에스테스 키파우버에게 참패한 후 1952년 대선에 참여하지 않기로 선언했다.

퇴임 후 트루먼은 워싱턴을 떠나서 미주리 주 인디펜던스로 거주지를 옮겨 강연을 하거나 회고록을 썼다. 이밖에 트루먼은 전임 대통령인 루스벨트를 따라 1957년 트루먼 대통령 도서관을 지어 연방정부에 기증했다. 1956년에 트루먼이 부인과 함께 유럽을 방문했을 때는 전 세계의 관심을 한 몸에 받았다. 이때 그는 영국 옥스퍼드 대학에서 민법학 명예학사 학위를 수여받고 친구인 처칠을 만났다. 80세에는 워싱턴으로 초청되어 상원에서 강연을 하게 되었는데 대대적인 환영식을 본 트루먼은 말을 잇지 못할 정도로 큰 감동을 받았다. 당시 미국은 베트남전쟁의 늪에 빠져 허우적대고 있었고, 워터게이트 사건이 터져 트루먼의 지지도가 급상승했던 시기여서 민주당 상원의원 후보에게 더욱 힘을 실어줄 수 있었다.

1964년, 트루먼은 욕실에서 넘어져 이마를 부딪치고 갈비뼈가 부러지는 부상을 입었다. 이후 건강이 급속도로 나빠진 트루먼은 1972년 12월 5일 폐렴으로 폐기종이 생겨 캔자스시티 병원으로 이송되었다. 그해 12월 26일, 88세로 세상을 떠났고 그의 시신은 트루먼 도서관에 안장되었다.

○ 켄터키

4장 | 푸른 초원 켄터키

미주리 주를 벗어날 즈음 미시시피 강은 또 다른 지류인 오하이오 강과 합류하게 된다. 이 두 강이 합류하는 지점에 '푸른 초원의 주'라고 불리는 켄터키 주가 자리 잡고 있다. 켄터키 주는 미국 역사상 가장 위대한 대통령이었던 링컨, 타협의 명수였던 정치가로 '위대한 중재자'로 불리는 헨리 클레이, 영원한 챔피언 무하마드 알리를 낳았다. 미시시피 강의 거대한 물줄기 속에서 이들의 삶은 끝없는 도전과 역경을 이긴 승리자의 모습이었다.

인디언 쇼쇼니족이 성지로 여기던 캔터키 주는 각 정치 세력이 각축을 벌이던 장소가 되었다.

지리적인 위치로 봤을 때 캔터키 주는 애팔래치아 산맥과 가깝지만 동부 13개 주와 달리 개발이 훨씬 뒤처져 있었다. 캔터키 주는 역사적으로 인디언 쇼쇼니족이 성지로 여기던 곳이어서 1750년까지 주민이 살지 않았다. 하지만 1750년 이후 식민지배자들이 침입하면서 이곳은 빠르게 발전하기 시작했다. 미국이 독립한 후 캔터키는 버지니아 주의 군으로 승격되었다. 1790년에는 버지니아 주가 캔터키 주 분리에 찬성했다. 1792년 6월 1일, 캔터키 주가 정식으로 연방 정부에 가입하고 미국의 15번째 주가 되었다. 캔터키 주는 애팔래치아 산맥과 미시시피 강 사이에 자리 잡고 있어 역사적으로 각 정치 세력이 각축을 벌이던 장소가 되었다. 이 때문에 캔터키 주는 남북전쟁 당시 주요 경계주가 되었다. 더욱 중요한 것은 이 독특한 분위기가 중요한 역사적 인물을 배출해냈다는 것이다. 특히 위대한 대통령 에이브러햄 링컨 역시 이곳에서 배출되었다. 그 뒤 100여 년 동안 위대한 인물들의 다양한 스토리가 미국 역사의 중요한 장을 장식했다.

미 국 의   위 기

19세기 초반 영국과의 전쟁을 완전히 종결한 미국은 국가 발전을 위해 전력 질주하고 있었다. 대량의 이민자들과 교통의 발달, 도시의 번영으로 미국은 날로 강대해졌다. 19세기 중엽 세계인의 눈에 미국은 이미 광활한 토지와 막강한 부를 확보한 유토피아로 보였다. 하지만 끊임없이 발전하고 있는 국가의 내부에서는 남부 노예제가 종양처럼 커지며 미국 사회를 좀먹고 있었다.

미국의 노예제가 뿌리 깊이 박혀 있다는 것은 모두가 알고 있는 사실이다. 건국 당시 미국은 정치적인 이유로 자유, 민주, 인권을 표방했지만 노예제는 헌법의 보호를 받으며 버젓이 남부에서 시행되고 있었다. 개국 초기 남부의 노예 수는 70만 명이었지만, 1860년에는 400만 명으로 급증해 전체 인구의 1/8에 육박했다. 하지만 인권 사상이 발전하고 북부 공업 자산계급의 세력이 커지면서 노예제를 폐지해야 한다고 주장하는 이들이 점

프랑스의 시인이며 소설가이자 극작가인 위대한 문호 빅토르 위고.
인도주의적 성향이 강했던 그는 당시 미국의 남부 노예제를 강하게 비난했다.

점 더 많아졌다.

1850년대 들어서 노예제를 성토하는 목소리가 커지면서 노예들이 북부
나 캐나다로 도망치도록 돕는 비밀 조직 '지하철도'에 가입하는 수가 점차
늘어났다. 이를 곱지 않은 시선으로 보던 남부 대지주가 독한 마음을 품고
새로 개척한 영토를 자신들의 세력 범위에 포함시키기 위해 사력을 다했
다. 1854년 민주당 상원의원 더글러스가 '캔자스-네브래스카 법안'을 제
출했다. 이 법안은 주민들이 자유롭게 자유주나 노예주를 결정하는 내용
을 담고 있을 뿐만 아니라 미주리 협정의 폐지를 명문화하자는 내용도 포
함되어 있었다. 그해 5월, 이 법안이 의회에서 통과되자 전국이 들끓기 시
작했지만 남부 대지주들은 무력으로 노예제도를 실행했다. 이로써 오랜
시일 끌었던 캔자스 내전이 발발하게 되었다.

1859년 10월에 노예제 폐지론자 존 브라운이 백인과 흑인을 연합해 혁
명을 일으켰지만 수적인 열세를 이기지 못하고 패하고 말았다. 1859년 11

월 2일, 버지니아 주 법원은 브라운에게 교수형을 내렸다. 이 소식이 전해지자 전국이 들끓었고 곳곳에서 항의 시위가 벌어졌다. 프랑스의 세계적인 문호 빅토르 위고도 항의 글을 발표했다.

"미국을 떠올리면 나는 위대한 인물인 워싱턴이 생각난다. 지금 워싱턴의 나라에서 도대체 무슨 일이 벌어지고 있는가? 존 브라운이 받은 판결은 도대체 무슨 판결이란 말인가? 브라운은 들것에 실려 갈 정도로 온 몸에 상처를 입었다. 얼굴에, 머리에 두 곳, 가슴에 두 곳, 어깨에 한 곳, 엉덩이에 한 곳. 듣기만 해도 두려울 정도다. 그의 피가 침대보를 타고 흘러내리고 그의 두 아들의 영혼이 그와 함께 하고 그의 네 친구들, 부상당한 전우들이 그와 함께 했다. 검찰은 다급히 사건을 종결지으려 했고 판사 또한 여기에 동참했다. 대량의 위증 자료와 어설픈 변호로 사건은 마무리되었다. 법정에 설치된 대포 두 대에는 언제든지 발포할 수 있도록 화약이 장전되어 있다. 친구들이여, 이 모든 것은 터키가 아니라 미국에서 발생한 일이다. 나 역시 다른 사람들과 마찬가지로 양심의 소리와 더불어 눈물로 호소하니, 인도적인 법치주의의 힘을 빌려 브라운을 구할 수 있길 바란다." 하지만 호소도, 항의도 남부 대지주의 얼음처럼 차가운 심장을 녹이지 못했다. 한 달 뒤인 12월 2일에 브라운은 결국 교수대에서 형장의 이슬로 생을 마감했다.

빅토르 위고(1802~1885년) 프랑스 낭만주의 작가의 대표적인 인물. 19세기 초 낭만주의 문학 운동의 지도자이자 자산계급 출신의 민주 작가다. 일생동안 시, 소설, 희곡, 각종 신문, 문예평론, 정치 논평을 썼다. 1841년 아카데미 프랑세즈 회원이 되었고 1845년에는 상원의원이 되었다. 1848년 2월 혁명 후 공화국 의원 대표를 맡았고 1851년 나폴레옹 3세가 황제 자리에 오른 후 국외로 추방되었다가 1878년 파리로 돌아왔다. 대표작으로는 「크롬웰」, 「노트르담의 꼽추」, 「레 미제라블」, 「징벌」 등이 있다.

브라운의 희생은 대지주 세력에 큰 타격을 입혔다. 노예들은 버지니아 주, 미주리 주, 텍사스 주, 앨라배마 주, 미시시피 주, 조지아 주, 사우스캐롤라이나 주에서 혁명을 일으켰고, 이를 기반으로 더욱 단결했다. 브라운이 혁명을 일으킨 지 얼마 지나지 않아 유명한 노예제 폐지론자 웬델 필립스는 앞날을 예견한 듯 다음과 같은 말을 남겼다. "미국 국민들은 30년 동안 혁명만을 생각해왔다. 지금 반노예제 투쟁의 새로운 단계, 무장봉기의 서막이 열렸다."

여 류 작 가 와 거 대 한 전 쟁

노예제에 창끝을 겨냥하는 사람들이 많아지면서 한 문학 작품이 노예제 폐지운동에 불을 지폈다. 바로 미국 여류 작가인 스토 부인의 대표작 『톰 아저씨의 오두막』이다.

미국의 유명 여류 작가인 헤리엇 비처 스토(1811~1896)는 코네티컷 주리치필드의 목사 집안에서 태어났다. 어렸을 적부터 기독교적인 분위기 속에서 자란 그녀는 평생을 신학과 함께 살았다. 하트퍼드에서 수준 높은 교육을 받은 그녀는 독서를 굉장히 좋아했다. 신학을 공부하는 것 외에도 그녀는 바이런과 스코트의 작품을 읽었는데 이들 두 작가는 훗날 그녀의 작품 활동에 많은 영향을 미쳤다.

헤리엇 비처 스토가 열네 살 되던 해에 가족이 보스턴으로 이사했고, 몇 년 후 다시 신시내티로 옮겼다. 아버지 리만 비처가 레인 신학교 교장으로 임명되자 그녀는 아버지를 따라 신시내티에서 1850년까지 살았다. 그 후에 레인 신학교의 교수인 캘빈 스토와 결혼해 7남매를 낳았다. 이 기간 동안 그녀는 종종 짧은 글과 소설을 잡지에 기고했다.

신시내티는 켄터키의 오하이오 강변에 위치하고 있었고, 교외 지역에는 대농장주들의 농장이 자리 잡고 있었다. 당시 이곳은 노예제 폐지운동의 중심지로 노예제를 반대하는 사람들의 격앙된 연설을 종종 들을 수 있었다. 뿐만 아니라 신시내티는 도망친 노예들의 피난처가 되기도 했는데, 그들은 지하철도 조직을 통해서 신시내티를 통과하여 캐나다나 북부 자유주로 도망쳤다.

스토 부인 일가는 흑인 노예의 처지를 안타깝게 여겨 도망친 노예를 숨겨주기도 했다. 이 때문에 스토 부인은 노예들의 비극적인 삶을 생생하게 들을 수 있었고, 노예제의 잔혹함에 대하여 성토했다. 이후 스토 부인에게 또 다른 기회가 찾아왔다. 그녀는 친구와 함께 메이즈빌의 몇몇 농장을 방문해 흑인 노예의 고통스런 노동과 삶의 이야기를 들을 수 있었는데, 이것은 『톰 아저씨의 오두막』에 등장하는 셸비 농장의 모습으로 그대로 옮겨졌다. 스토 부인의 동생은 상인이어서 뉴올리언스를 자주 오갔다. 그는 스토 부인에게 남부 대지주의 잔인한 행태와 참혹하기 그지없는 실상을 전했다. 특히 미시시피 강의 한 상선에서 우연히 만난 대지주의 악행을 듣고 스토 부인은 온몸으로 분노를 느꼈다. 이후에 스토 부인은 이 사람을 바탕으로 책 속 인물인 잔혹한 대지주였던 레글리를 창조했다.

1850년에 캘빈 스토가 메인 주 보딘 아카데미의 교수직을 맡아서 가족 모두가 뉴잉글랜드 북부로 이사했다. 여기에서 스토 부인은 점차 확실한 노예제 폐지론자로 변모했다.

어느 날, 스토 부인은 노예제가 얼마나 잔인한 제도인지 전 국민이 알 수 있도록 글을 써 달라는 올케의 편지를 받았다. 당시 스토 부인의 집안사람

1 미국의 유명 여류 작가 헤리어 비처 스토 부인.
  그녀의 소설 『톰 아저씨의 오두막』은
  노예의 비참한 운명을 담고 있어 남북전쟁의 도화선이 되었다.
2 스토 부인의 대표작인 『톰 아저씨의 오두막』.
  미국 역사에 지대한 영향을 미친 이 소설은
  미국뿐만 아니라 전 세계적인 베스트셀러가 되었다.

들은 모두 그녀를 지지했고 그들도 노예제 폐지운동에 적극 동참했다. 그녀의 오빠인 에드워드 비처는 보스턴의 한 교회에서 격앙된 목소리로 노예제를 반대하는 연설을 했고, 또 다른 오빠인 헨리 워드는 브루클린 교회에서 흑인 노예들이 자유를 얻을 수 있는 특별한 경매를 진행하기도 했다. 스토 부인은 이런 오빠들의 모습을 본받아 '하느님이 나를 도우실 거야. 내가 아는 모든 것을 쓰겠어. 살아 있는 동안 반드시 글을 쓰겠어.' 라고 다짐했다.

며칠 후에 『톰 아저씨의 오두막』의 제1장이 완성되었다. 스토 부인은 브라운슈바이크 교회에서 예배를 드리고 있을 때 갑자기 머릿속에 영감이 떠올라 톰 아저씨가 겪은 비극이 점차 하나의 이야기로 형상화되었다고 당시를 회상했다. 그날 오후 집으로 돌아온 스토 부인은 문을 걸어 잠그고 빠른 속도로 글을 쓰기 시작했다. 종이가 부족해 음식을 쌌던 포장지에도 글을 써야 했다. 제1장을 마무리한 후 그녀는 남편과 아이들에게 읽어 주었다. 깊이 감동한 남편은 "1장이 이 정도라면 대단한 책이 되겠군"이라며 계속 글을 쓰도록 스토 부인을 격려했다.

뒤이어 스토 부인은 워싱턴에 있는 친구 갬멜 펠레에게 『톰 아저씨의 오두막』에 대한 계획을 알렸다. 노예제 폐지를 주장하는 잡지의 편집장인 갬멜 펠레는 스토 부인이 신시내티에 살 때부터 스토 가문과 친분을 맺어 왔다. 스토 부인은 편지에서 『톰 아저씨의 오두막』을 펠레의 잡지에 서너 번 나누어 연재할 수 있다고 이야기했다. 펠레는 매우 기뻐하며 원고료 300달러와 함께 답장을 보냈고, 1851년 6월부터 소설을 연재하기 시작했다. 소설 속의 인물, 줄거리, 대화가 눈덩이처럼 불어나 당초 서너 번에 걸쳐 연재할 계획은 예상을 뛰어넘고 약 1년(40회) 가까이 이어졌다. 소설 연재가 끝난 후에 스토 부인은 "이 소설은 하느님께서 쓰신 것이다. 나는 단지 펜에 불과했다."라는 말을 남겼다.

잡지의 발행부수는 많지 않았지만 이 소설의 애독자는 수천만 명에 달했다. 다음해 보스턴의 한 작은 출판사에서 이 책을 출판했다. 초판 5,000부를 인쇄했는데 첫날 3,000부가 판매되고 다음날 모두 매진되었다. 다시 인쇄에 들어가 한 주 동안 1만 부를 더 인쇄했는데, 출간되자마자 모두 팔렸다. 이에 힘입어 1년 동안 8개 출판사에서 밤낮으로 30만 부를 인쇄했지만 여전히 그 수요를 충족하지 못했다. 당시 글을 읽을 줄 아는 미국인이라면 모두 심금을 울리는 이 소설을 읽었다.

『톰 아저씨의 오두막』은 해외에서도 큰 인기를 얻었다. 미국의 풋남 출판사의 젊은 편집장이 영국의 한 출판업자에게 책을 보냈다. 1년도 지나지 않아 영국에서 18곳의 출판사가 150만 부를 인쇄했다. 유럽 출판업자들도 재빨리 출판에 나서서 몇 년 만에 프랑스, 독일, 스웨덴, 네덜란드, 스페인, 이탈리아 등 22개 언어로 번역되어 세계 곳곳에서 출판되었다.

『톰 아저씨의 오두막』은 극본으로도 제작되어 무대에 올랐다. 셀 수 없이 많은 극단이 수많은 버전으로 세계 각지에서 공연했다. 스토 부인은 이런 상황에 대해서 동의하지 않았지만 막을 길이 없었다.

『톰 아저씨의 오두막』이라는 한 권의 소설 덕분에 스토 부인은 세계적인 인물이 되었다. 그녀는 3번 유럽을 방문했는데, 영국에서는 빅토리아 여왕과 엘버트 공을 접견하기도 했다. 그리고 조지 엘리엇, 디킨스, 킹즐리, 러스킨, 매콜리, 글래드스턴을 만났다. 유럽 각지의 사람들은 이 신대륙에서 온 노예제 폐지론자에게 더욱 열광했다. 뿐만 아니라 에든버러 사람들은 노예제 폐지운동 기금으로 1,000파운드를 모금해 스토 부인에게 전달하기도 했다.

『톰 아저씨의 오두막』은 다른 소설과 마찬가지로 찬사와 비난을 함께 받아야 했다. 특히 남부 대지주의 이익을 대변하는 대중매체로부터 "사실을 왜곡했다", "그 소설은 환상을 반영한 것일 뿐이다"라는 비난을 들었다. 초기에는 남부 지역의 서점에서도 책이 자유롭게 판매되었지만 얼마 지나지 않아 금서로 지정되었고 책을 가지고 있는 사람은 누구나 불안에 떨어야 했다. 비난과 모욕에 맞서기 위해 스토 부인은 책을 쓰기 위해 참고한 배경 자료, 문서, 미공개 기록, 대화 요약 등을 담은 『톰 아저씨의 오두막에 관한 설명』을 펴냈다.

이 책은 네 부분으로 구성되어 있는데 첫 번째 부분에서는 인물에 대해 설명하고, 두 번째 부분에서는 '도망노예송환법'을 비판했다. 세 번째 부분에서는 흑인 노예의 전형적인 상황을 설명하면서 남부 노예제 개혁의 필요성을 역설했다. 마지막 부분에서는 교회의 분열된 입장을 비난했다. 하지만 『톰 아저씨의 오두막에 관한 설명』은 큰 반향을 불러일으키지 못했다. 『톰 아저씨의 오두막』을 계약도 않고 출판해 큰 부를 쌓은 영국 출판업자가 이익에만 집착해 『톰 아저씨의 오두막에 관한 설명』 5만 부를 몰래 출판했지만 판매 부진으로 파산할 정도였다.

1856년, 스토 부인은 『드레드』를 출간했다. 4주 동안 10만 부가 팔렸지만, 『톰 아저씨의 오두막』의 판매 부수를 넘을 수는 없었다. 스토 부인은 부지런히 글을 쓴 다작 작가로 30년 동안 거의 매년 책을 냈고 소설 외에도 수많은 산문, 논평 등을 발표했다.

『톰 아저씨의 오두막』은 표현하는 방식도, 성격도 다른 흑인 노예를 그려냈을 뿐만 아니라 각각 다른 유형의 대지주의 모습도 묘사했다. 대지주가 주입하는 기독교 정신을 받아들이고 순응하며 살아가는 톰과 대지주가 자신들의 생사를 결정하는 것에 저항한 일라이저와 그녀의 남편 조지 해리스를 그렸다. 대지주의 명령에 순응하며 사는 톰은 결국 죽음을 벗어나지 못했고, 저항하고 투쟁한 조지 부부는 새로운 삶을 얻었다. 이 때문에『톰 아저씨의 오두막』은 사회 발전에 긍정적인 역할을 했다. 특히 미국 노예제 반대 운동과 미국 내전에서 링컨으로 대변되는 정의가 승리를 거두는데 큰 역할을 했다. 1862년 링컨 대통령은 백악관에서 스토 부인을 만났을 때 "이 자그마한 부인이 위대한 전쟁을 일으킨 책을 썼단 말인가!"라며 감탄했다고 한다. 유명 작가 찰스 섬너는 심지어 "스토 부인의『톰 아저씨의 오두막』이 없었다면 에이브러햄 링컨은 대통령에 당선되지 못했을 것이다."라는 말까지 남겼다. 그렇다면 링컨 대통령은 어떤 사람일까?

통나무집에서 등장한 해방자

에이브러햄 링컨은 제16대 미국 대통령이다. 다른 대통령들의 삶에 비해 링컨의 일생은 고난과 역경의 연속이었다고 할 수 있다. 링컨의 어린 시절은 그가 말한 것처럼 그야말로 '가난의 역사'로 축약할 수 있다. 링컨은 1809년 2월 12일 켄터키 주 하딘 카운티에서 목수의 아들로 태어났다. 그는 어렸을 적부터 부모를 도와 장작을 패고 물을 길으며 일을 거들었다. 아홉 살 되던 해에 어머니가 병으로 세상을 떠나 그에게 크나큰 충격을 안겨주었지만 다행스럽게도 착하고 현명한 새어머니를 만났다. 상황이 여의치 않았지만 새어머니는 링컨에게 계속 글을 가르쳤다. 링컨은 15세가 되어서야 정규 교육을 받았고 어린 시절 새어머니의 교육이 그가 성장하는 데

켄터키의 시골 통나무집에서 태어난 링컨은 풍부한 독서를 통해
정규교육을 받은 사람들 이상으로 폭넓고 깊은 지식을 습득했다.
게티즈버그 연설과 대통령 취임사 등 그의 명연설문들은 모두 자신이 직접 쓴 것이다.
링컨 대통령이 소년 시절을 보낸 노브 크릭 농장.
오른쪽의 작은 집은 당시 오두막집을 재현해 놓은 것이다.

큰 밑거름이 되었다.

장성한 후 링컨은 부모님을 떠나 홀로 생계를 꾸려나갔다. 점원, 우편배
달부, 측량 기사 등 여러 일을 했다. 1833년 친구와 함께 잡화점을 열었지
만 경영 상태가 악화되어 결국 문을 닫았고 이때 진 빚을 갚기 위해 10년
이나 고생했다. 1년 후에는 연인인 앤이 병으로 세상을 떠나 큰 슬픔에 빠
졌다. 하지만 링컨은 슬픔에서 벗어나기 위해 자신을 다독이며 공부에 열
중한 결과 1835년에는 변호사가 되었다. 1842년 11월 4일, 링컨은 부자
상인의 딸인 메리 토드와 결혼했지만 쉽게 화를 내는 아내의 성격 때문에
행복한 결혼 생활은 물거품이 되었다.

1830년에 링컨 일가는 일리노이 주로 거처를 옮겼고 이때부터 링컨은
정치 인생을 걷기 시작했다. 1832년, 처음으로 일리노이 주 의회 후보가
되었지만 낙선했다. 얼마간 시간이 지난 후 당시 미국 사회 문제에 대한 정
치적인 연설로 주민들의 심금을 울렸고 공공사업에 도움이 되는 그의 제안
역시 주민들의 뜨거운 호응을 얻었다. 1834년 휘그당에 가입한 링컨은 일

1 미국 역사상 가장 위대한 대통령, 에이브러햄 링컨. 1809년 2월 12일, 켄터키 주의 조용하고
   허름한 통나무집에서 가난한 목수인 토마스 링컨의 아들로 태어났다.

2 남북전쟁 당시 모습. 링컨은 노예 해방 선언을 발표하고,
   정의를 위해 강인한 의지로 남북전쟁을 이끌었다.

3 러시모어산의 링컨 대통령 조각상. 위대한 공훈을 세운 링컨은 워싱턴, 제퍼슨,
   루스벨트 대통령과 러시모어산을 빛내고 있다.

리노이 주 의원으로 당선되어 정식으로 정계에 입문했다. 얼마 후 그는 주 의회 휘그당 대표로 당선되었고 1846년 하원의원으로 당선되었다.

당시 미국 사회는 남부의 여러 주에서 시행하고 있던 노예제가 강한 저항에 부딪치면서 미국 국익에 점점 더 큰 영향을 미치는 매우 심각한 문제를 안고 있었다. 당시 미국 남부 주의 노예제는 기세가 드높았다. 흑인 노예는 노예제의 잔혹한 착취와 학대 속에서 미래가 보이지 않는 나날을 이어갔고, 정의감에 불타는 세계 각지의 인사들이 이를 강하게 비판했다. 하지만 미국 영토가 확장되면서 남부 대지주들은 이 야만적인 제도를 연방정부에 새롭게 가입한 서부 지역에서 시행하려고 했다. 이 때문에 북부 공업 자본계급과 갈등을 빚기 시작했다. 이때 노예제 폐지론자들이 앞장서면서 노예 해방운동의 불길이 커지기 시작했다. 노예제 폐지는 당시 미국 사회에서 가장 민감한 정치적인 문제였고 이 때문에 북부와 남부 사이에는 물과 기름처럼 서로 섞일 수 없는 벽이 생겼다.

1854년에 노예제 폐지를 주장한 북부 주의 인사들이 공화당을 창립하고 링컨은 이 새로운 당의 지도자가 되었다. 얼마 후 남부 노예주가 캔자스 주에 폭도들을 보내 강제로 노예제를 시행하고자 했고 이 때문에 캔자스 내전이 발생했다. 이를 본 링컨은 "자유를 얻고 노예제를 폐지하기 위해 투쟁하자"라는 정치 주장을 선포했다. 1856년에는 공화당 부통령 후보로 경선에 참여했지만 낙선하고 말았다. 1858년에 링컨은 노예제 폐지를 주장한 유명한 선언을 발표하면서 노예제의 확산을 막고 국가 통일을 이루자고 주장했다. "분열된 국가는 오래 지속될 수 없습니다. 반은 노예제, 반은 자유제인 상황을 정부가 영원히 용인하리라고 믿지 않습니다. 저는 연방제의 해체를 바라지 않습니다. 우리 국가가 붕괴되는 것은 더욱 바라지 않습니다. 저는 노예제가 결국은 사라질 것이고 남부에서나 북부에서나 모든 노예들이 자유를 얻을 것이라 믿어 의심치 않습니다." 이 선언은 즉시 미국 전체를 뒤흔들었다. 이는 북부 자산계급뿐만 아니라 전 국민의 바람이었기 때문이다. 이 선언 덕분에 링컨은 큰 명성을 얻었다.

드디어 1860년 3월, 모든 기대를 한 몸에 받은 링컨은 공화당 후보로 16대 미국 대통령에 당선되었다. 하지만 곧이어 심각한 상황에 부딪혔다. 링컨의 정치적 주장을 받아들이지 못한 남부 여러 주가 강하게 저항했고 링컨이 당선된 후 3개월 동안 11개 주가 연방 정부를 탈퇴하겠다고 선언한 것이다. 이들 주는 남부 연맹을 결성해 새로운 미국 정부를 세우고 대통령과 부통령을 선출하고 헌법을 제정하는 등 공개적으로 내란을 일으켰다. 내전이 일촉즉발의 상황까지 이르자 북부 정계는 큰 위기에 빠졌다.

1861년 4월 12일, 남부 연맹이 연방 군대를 공격하면서 동족상잔의 남북전쟁이 본격적으로 시작되었다. 전쟁 초기에는 연방 군대가 약세에서 벗어나지 못했고 노예 문제의 근본적인 해결 방안도 찾지 못했다. 1863년에 링컨은 흑인 노예를 포함해 모든 국민들에게 지지를 얻기 위해서 위대한 역사적 선언인 '노예 해방 선언'을 발표하면서 노예제 폐지와 노예 해방을 선언했다. 국민들은 링컨의 선언에 대대적인 지지를 보냈고 이후 전세가 눈에 띄게 바뀌었다. 방어에만 급급하던 북부 군인들이 공격을 퍼부어 마침내 1864년에 북부 군대가 승리했다. 이로써 노예 해방 선언은 '연방 정부 수립 이후 미국 역사상 가장 중요한 선언문'이 되었다.

내전이 북부의 승리로 끝나면서 미국은 민주, 자유, 평등을 향해 나아가기 시작했다. 링컨은 미국 역사상 가장 위대한 대통령으로 추앙받으면서 워싱턴, 제퍼슨, 루스벨트 대통령과 함께 큰 사랑을 받고 있다.

링컨은 훌륭한 공적을 세운 덕분에 1864년 11월 8일 재선에 성공했다. 하지만 본격적으로 전후 재건 정책을 시행하기도 전에 큰 비극이 발생했다. 1865년 4월 14일 저녁 10시 15분, 링컨이 워싱턴의 포드 극장에서 연극을 관람하고 있을 때 남부를 지지하는 정신 착란 증세를 가진 배우가 들어와 링컨을 겨냥해 방아쇠를 당겼다. 결국 1865년 4월 15일 아침에 링컨은 56세의 나이로 눈을 감았다.

링컨이 세상을 떠나자 14개 도시에서 2주 동안 추모 행사를 벌였고 그의 시신은 스프링필드에 안장됐다. 링컨의 시신을 실은 기차가 워싱턴에서 그의 고향인 스프링필드까지 갈 때 수천만 명에 달하는 시민들이 철도 곁에서 모습을 지켜봤다. 링컨은 대통령 임기를 마치고 고향에서 변호사를 하면서 지내려고 했지만 끝내 이 꿈을 이루지는 못했다.

"나, 에이브러햄 링컨은 미합중국의 대통령으로서 헌법이 수여한 권한에 따라 선언한다. 각 주와 지역에서 노예 대우를 받는 모든 사람은 자유를 얻을 것이고 영원히 그들의 자유를 보장할 것이다. 육해공군을 포함한 합중국 정부는 그들의 자유를 인정하고 수호할 것이다. 나는 자유를 얻은 사람들에게도 자신을 지키기 위해서가 아니라면 어떠한 폭력도 행사해서는 안 된다고 당부한다. 합리적인 임금을 얻기 위해서는 충실하게 일해야 한다. 모든 조건에 부합하는 사람은 누구나 합중국의 군에 입대해서 군사 요충지 및 다른 지역을 수호할 수 있고 해군에서도 국방 임무에 참여할 수 있다. 우리 모두는 이것이 정의로운 행동이고 군사적 필요에 의한 것이며 헌법이 보장한 것이라 믿는다. 인류가 이를 자세히 살피고 주님께서 축복해 주시길 바란다."

남북전쟁이 끝난 후 링컨은 남부 재건 사업에 헌신했다.
하지만 남부 연맹을 지지하고 링컨을 혐오했던 폭도, 존 윌크스 부스의 손에
암살당해 숭엄한 뜻을 이루지 못했다.

　마르크스 역시 링컨을 높이 평가했다. "그는 어떤 역경 앞에서도 쓰러지지 않고 성공에도 미혹되지 않은 사람이다. 그는 불굴의 의지로 자신의 위대한 목표를 향해 나아간다. 쉽게 흔들리지 않고 전진하며 후퇴하지 않는다. 그는 위대한 경지에 다다른 사람이며 고매한 품격을 유지하는 보기 드문 사람이다."

　1865년 4월 15일, 미국 전체가 충격과 슬픔에 휩싸여 있을 때 부통령이던 앤드루 존슨(1808~1875, 17대, 재임 1865~1869)이 링컨의 뒤를 이어서 대통령직에 올랐다. 링컨이 암살당한 후 일주일 동안 북부 전체가 슬픔에 빠졌고 복수를 외치는 목소리가 점점 높아져 갔다. 분노의 화살은 대통령을 암살한 살인자와 연방 정부의 지도자들에게 향했다. 사람들은 그들이 링컨의 죽음에 책임이 있고 전쟁에서 죽은 연방 군인 36만 명의 죽음에도 책임이 있다고 여겼기 때문이다. 미국은 다시 혼란 속으로 빠져들었다.

포 드 극 장 의 총 성

미국 내전이 끝나면서 링컨이 이끈 노예 해방 사업이 전국으로 빠르게 퍼져 갔다. 하지만 수많은 노예들이 해방되는 것과 동시에 링컨을 향한 음모가 조용히 진행되고 있었다. 1865년 4월 14일은 운명이 이미 정한 슬픈 날이었다. 이날 링컨의 일정표는 오전 8시 출근 후 아침식사, 10시 내각회의 전 방문자 접견, 점심 식사, 손님 접견, 영부인과의 산책, 일리노이 주 친구와 비공식 만남, 육군 부대 방문, 손님 접견 후 영부인 및 몇몇 수행원들과 포드 극장에서 연극 관람.

오전 10시 정각에 내각회의가 열렸고 회의에는 육군 장군, 국무장관 대리 프레데릭 수어드와 전선에서 돌아온 그랜트 장군 등이 참석했다. 서로 간의 이견을 좁히지 못해 회의는 매우 짧게 끝났고 4월 18일에 다시 회의를 열어 전쟁으로 입은 막대한 피해를 해결할 방안에 대해 논의하기로 결정했다. 점심식사 시간에도 사건이 발생했다. 낸시라는 흑인 여성이 백악관 정문에서 대통령을 만나겠다고 요구했다. 하지만 경비병이 대통령은 지금 점심식사 중이어서 만날 수 없다고 하자, 그녀가 고함을 치며 경비병과 실랑이를 벌였다.

"링컨 대통령을 만나게 해줘요! 나는 배고픔을 참으며 이곳까지 8킬로미터나 넘게 걸어왔단 말이야!" 이때 링컨이 나타나 온화한 목소리로 말했다. "그 착한 부인을 안으로 모시게. 내 도움을 필요로 하는 사람을 만날 시간은 얼마든지 있네." 낸시와 남편 톰은 리치먼드 부근 농장의 노예였다가 노예 해방 선언이 발표된 후 워싱턴으로 왔다. 톰은 포토맥 부대의 군인이었고 집에는 쌍둥이 아들과 어린 딸이 있었다. 매달 보내오는 남편의 보급품으로 생활해왔는데, 어느 날부터 보급품이 끊겼다. 아이들은 배가 고

1865년 4월 14일의 포드 극장 안의 상황 재현 그림. 암살범 부스가 어떻게 링컨 대통령을 암살했는지 그림을 통해 그 긴박했던 모습이 머릿속에 그려지는 듯하다.

파 울부짖었고 그녀는 어디에서 보급품을 받아야 할지 막막했다. 낸시가 대통령에게 남편의 보급품을 받을 수 있도록 도와줄 수 있냐고 물었다. 그러자 링컨이 말했다. "당신은 남편의 보급품을 받을 권리가 있어요. 내일 이 시간쯤에 다시 찾아오시오. 서명한 서류 하나를 건네주리다." 감동을 받은 낸시가 몸을 돌려 나갈 때 링컨이 다시 그녀를 불러 의미심장한 말을 던졌다. "부인, 앞으로 더욱 어려운 날들이 닥쳐 빵 한 조각에 의지해 살지도 모르오. 그렇더라도 아이들은 꼭 학교에 보내도록 해요." 낸시는 다시 감사를 표시하고는 방을 나섰다.

　오후가 되자 링컨은 일정대로 영부인과 함께 마차를 타고 봄바람을 맞았다. 링컨은 부인에게 두 번째 임기가 끝나면 외국 여행을 한 후 고향에 돌아가서 변호사 일을 하거나 농장을 경영하자고 말했다. 이날 링컨의 기분은 매우 좋았다. 아내의 행동이 그의 체면을 완전히 구겨놓은 일만 빼면 말이다. 오전 내각회의가 끝나고 그랜트 장군이 링컨과 함께 저녁 사교모임에 대해 논의했다. 원래 이 제안은 영부인이 남편과 함께 편안한 시간을 나누고 싶어서 꺼낸 것이었다. 하지만 그랜트 부인인 줄리아 그랜트도 함께

1 링컨 대통령이 세상을 떠나자 전 미국이 슬픔에 잠겼다.
대통령을 암살한 살인자와 연방 정부의 지도자들에게 향한 분노와
복수를 외치는 목소리로 한동안 미국은 혼란 속으로 빠져들었다.
2 링컨의 암살 장소였던 포드 극장.
그날 포드 극장에서 울렸던 총성은 미국의 역사를 뒤바꾸고 말았다.

간다고 하자 갑자기 질투심이 솟구치게 되었다.

영부인은 그 어떤 여자도 자신의 남편 가까이에 오는 것을 용납하지 않았다. 또 링컨이 큰 명성을 얻고 있는 그랜트의 재능과 기세에 눌릴까 걱정되기도 했다. 결국 영부인의 격이 낮은 언행에 머리끝까지 화가 난 그랜트 부인이 뉴저지 주에 있는 가족을 보러 가야 한다며 대통령의 초대를 거절했다.

그날 저녁, 링컨이 영부인과 함께 포드 극장으로 연극을 보러갈 때는 헨리 레스본 소령과 약혼자 클라라 헤리스가 동행했다. 링컨 대통령의 경호를 책임진 사람은 존 파커였다. 당시 암살 협박이 끊이지 않던 때라 파커는 대통령을 밀착 경호하며 불의한 사태를 미연에 방지하는 임무를 맡았다. 밤 9시 10분, 대통령 일행이 귀빈석으로 안내되어 들어갔다. 극장 안에 있던 관중들은 링컨 부처가 연극을 보러 왔다는 소식을 듣고 모두 일어서서 열렬히 환영했다. 링컨이 귀빈석 앞쪽으로 얼굴을 내밀며 관람객들에게

손을 흔들었다. 이날의 연극은 영국 극작가 톰 테일러의 '우리의 미국인 사촌'이었다. 링컨은 귀빈석 안에 있던 사람들과 무대에서 연기하고 있는 배우들밖에 볼 수 없었다. 귀빈석에는 문이 2개 있었는데 앞문은 연극을 보기 위해 열려 있었고, 뒷문은 보안을 위해 잠겨 있었다. 하지만 그 누구도 링컨이 앉아 있는 옆 뒷문에 작은 구멍이 있다는 사실을 알지 못했다. 이 구멍은 귀빈석 밖에서 링컨이 앉아 있는 위치를 확인하고 행동을 취하기 위해 누군가 고의로 만든 것이 틀림없었다.

연극은 클라이맥스로 향하고 있었고 사람들의 모든 관심이 무대에 쏠려 있었다. 바로 이때 엄청난 일이 벌어졌다. 한 남자 배우가 태연하게 귀빈석 안으로 들어와 총을 꺼내들고는 대통령을 향해 발사했다. 당시 극장 안은 매우 소란스러웠기 때문에 단지 몇몇 사람만이 총성을 들었다. 가장 먼저 반응을 보인 사람은 링컨 옆에 앉아 있던 영부인과 동행한 사람들이었다. 귀빈석 안이 혼란스러운 틈을 타서 암살범이 무대 쪽으로 뛰어내렸다. 암살범은 관중 쪽으로 몸을 돌려 "폭군은 언제나 이렇게 될 것이다!"라고 소리치고는 도망쳤다.

당시 사람들은 눈앞에 벌어진 사건을 믿을 수 없어서 암살범이 다급히 도망칠 때 다리를 다친 모습을 보고도 어느 누구도 그를 쫓아갈 생각을 하지 못했다. 그 결과 암살범은 몇 분 만에 말을 타고 극장을 벗어났다. 링컨은 급히 병원으로 후송됐지만 그를 살리기에는 역부족이었다. 가쁜 숨을 몰아쉬고 있을 때 영부인이 손을 잡고 외쳤지만 링컨은 결국 몇 시간 후 숨을 거두고 말았다. 1865년 4월 15일 아침 7시 22분, 흑인 노예 해방을 위해 일생을 바친 위대한 대통령 에이브러햄 링컨이 영원히 세상을 떠났다.

암 살 범   부 스

암살범에 대해 알아보자. 사건 발생 후 다양한 측면의 조사를 펼친 끝에 암살범의 이름이 존 윌크스 부스라는 사실이 밝혀졌다. 부스는 미국 연극계 명문 출신으로 유명한 배우의 아들이며 형 또한 유명한 배우였다. 하지만 26세의 부스는 평범하기 그지없는 인물이었다. 사람들은 그를 몰랐지만 그는 유명해지기를 간절히 원하고 있었다.

그는 정치적으로 남부 연맹의 열렬한 지지자였으며 링컨이 이끈 정책에 큰 반감을 가지고 있었다. 내전 기간 동안 사람들을 규합해 비밀 활동을 펼쳤는데, 납치나 암살과 같은 극단적인 수단을 동원해 연방 정부가 벌이는 일을 훼방 놓으려고 했다. 이들은 워싱턴에 작은 아파트를 마련하고 링컨을 납치해 남부 포로들과 교환하려고 했다. 하지만 계획만 세웠을 뿐 실행에 옮기지는 못했다.

하지만 부스와 동료들은 포기하지 않고 새로운 기회를 노렸다. 4월 14일, 링컨과 그랜트 등이 연극을 보러 간다는 소식을 접한 그들은 절호의 기회라 여기고 마지막 계획을 세웠다. 존슨 부통령, 수어드 국무장관, 링컨을 암살하는 팀으로 나눠서 행동을 개시했다. 부스는 링컨을 암살하는데 성공했지만 나머지 두 팀은 성공하지 못했다. 먼저 부통령 암살을 맡은 사람은 막상 실제로 행동에 옮길 때가 되자 두려움이 엄습해 시도조차 하지 못했다.

국무장관의 암살을 맡은 사람은 페인과 해롤드인데 이들은 어느 정도 성공했다고 할 수 있다. 수어드 저택에 당도한 후 해롤드가 마차를 지키고 페인은 미리 준비한 약을 들고 저택 문을 두드렸다. 수어드의 아들이 나와서 아버지는 취침 중이어서 지금 약을 먹을 수 없다고 전했지만 페인이 집

링컨을 암살한 존 윌크스 부스.
남북전쟁에 불만이 가득했던
이 폭도의 의문사는 그 배후에 누가 있는지
의견만 분분할 뿐 지금까지도 확실히 밝혀진 건 없다.

안으로 들어가겠다고 버티자 이상하게 여긴 수어드의 아들이 꺼지라며 소리쳤다. 음모가 들통 날까 염려한 페인은 바로 총을 꺼내서 수어드의 아들의 머리에 겨눴다. 하지만 총알은 불발되었고 다급해진 페인은 총으로 머리를 가격해 아들을 쓰러뜨렸다.

곧 페인은 가방에서 칼을 빼들고 수어드의 침실로 침입했다. 침실 안에는 수어드의 딸과 호위 병사가 있었다. 상황이 심상치 않음을 눈치 챈 호위 병사가 페인에게 달려들었지만 페인이 휘두른 칼에 이마에 큰 상처를 입었다. 곧이어 페인은 수어드의 딸을 가격해 기절시켰고, 수어드를 칼로 찔렀다. 수어드의 또 다른 아들과 비서를 찌르고 바로 집을 벗어난 페인은 "나는 미쳤다! 나는 미쳤다!"고 소리를 질렀다. 하지만 페인에게 습격당한 사람들은 모두 안정을 되찾았고 수어드는 링컨의 대통령직을 이어받은 존슨의 임기 동안에도 국무장관직을 수행했다.

부스는 총과 칼을 빼들고 태연하게 대통령이 있는 귀빈석으로 들어갔다. 그러고는 냉혹하게 대통령을 겨냥해 방아쇠를 당겼다. 총성이 울렸을 때 가장 먼저 레스본 소령이 암살범에게 뛰어들었지만 부스의 칼에 손을 찔리고 말았다. 부스가 귀빈석 아래 무대로 뛰어내릴 때 귀빈석을 장식하고 있던 연방 깃발에 장화가 걸려 균형을 잃었고 정강이뼈가 부러졌다. 하지만 부스는 놀라운 속도로 무대로 뛰어들었고 극장 정문으로 도망쳤다. 현장에 있던 사람들은 부스가 총을 쏘고 정문으로 나갈 때까지 약 1분 정도밖에 걸리지 않았다고 증언했다.

경찰은 그가 흘린 피의 흔적을 따라서 추적했다. 4월 26일 오전에 암살범 검거를 담당한 연방 탐정과 뉴욕 제16기병부대가 단서를 쫓아 그가 숨어 있는 버지니아 주에 있는 리처드 가렛의 농장을 포위했다.

부스는 링컨을 암살한 후 애너코스티아 강에서 동료들과 만났다. 그 후 메릴랜드 주로 도망친 그들은 계속 남쪽으로 갔고, 부스의 다리를 치료하기 위해서 한 농가에 숨어들어 하룻밤을 보냈다. 5일째 되는 날 그들은 포토맥 강을 건너 버지니아 주로 갈 기회를 노렸다. 4월 20일에 부스가 어디에선가 배 한 척을 구해왔다. 물이 많이 불어서 어쩔 수 없이 메릴랜드 주 경계 근처에 이틀을 더 숨어 있어야 했다. 4월 22일, 마침내 강을 건넌 그들은 버지니아 주로 진입해 가렛의 농장에 숨는 데 성공했다. 하지만 연방 탐정과 기병부대가 거미줄처럼 흩어져 은신처인 가렛 농장으로 이어지는 흔적을 찾아냈다.

농장에 도착한 탐정과 기병부대는 부스가 숨어 있는 곡식 창고를 포위했다. 그의 동료들은 투항했지만 부스는 머리에 총을 맞고 숨져 있었다. 군사법정에서 부스의 동료 8명에게 암살모의죄를 적용했는데 이중 4명은 교수형, 나머지 4명은 중형을 선고받았다.

풀 리 지 않 는 의 혹

링컨 암살 사건은 남부 대지주를 지지하는 한 괴한이 대통령에게 원한을 쏟아 부은 일이라고 단순하게 생각할 수 있다. 하지만 지금까지도 많은 의혹들이 풀리지 않고 있다.

최대 의문은 대통령이 있던 귀빈석의 구멍이다. 당시 귀빈석에는 문이 2개 있었는데 출입할 수 있는 뒷문은 잠겨 있었다. 하지만 귀빈석 뒷문은 이미 누군가가 몰래 손을 써 둔 상태였고 문에는 구멍까지 뚫어 두었다. 게다가 문에서 링컨이 있던 자리까지 2미터도 채 되지 않았기 때문에 쉽게 링컨을 암살할 수 있었다. 그렇다면 왜 자물쇠가 망가진 것을 보고 하지 않았을까?

두 번째 의문은 링컨을 호위하던 경찰은 그 당시 무엇을 하고 있었나 하는 것이다. 원래 그날 대통령의 안전을 책임진 사람은 백악관 경비원 4명 외에 육군에서 큰 신임을 얻고 있는 브라이언이었고, 그의 약혼녀가 동행하기로 되어 있었다. 이뿐만 아니라 암살 당일 불길한 예감이 든 링컨은 스텐튼 작전장군에게 특별히 에커트 장교를 경호원으로 요청했다. 하지만 스텐튼은 그날 밤 에커트가 다른 임무를 맡았다며 대신 레스본을 보냈다. 이밖에도 존 파커가 홀에서 귀빈석까지 이어지는 통로를 지키고 있어야 했는데, 연극에 취미가 없던 그는 다른 곳에서 몰래 술을 마시고 있었다. 이 모든 것이 단지 우연이었을까?

세 번째 의문은 많은 사람들이 링컨 암살에 정치적인 음모가 숨어 있을 것이라 여긴다는 점이다. 부스가 링컨을 죽인 이유는 남부 대지주의 원한을 갚고 유명해지기 위해서라고 알려져 있다. 하지만 사람들은 이는 공식적인 조사 결과일 뿐이며 드러나지 않은 배후가 있을 것이라 믿고 있다. 사

1 링컨 암살 사건에는 의문점이 많다. 특히 암살범이 아무런 제제를 받지 않고
링컨이 있던 귀빈석에 들어갈 수 있었는지 가장 큰 의문으로 남아 있다.
2 위대한 승리자, 링컨 대통령은 안타깝게도 후세 사람들에게
영원히 풀리지 않을 의문점만을 남겨두고 세상을 떠났다.

후 조사에서 링컨이 경호를 요청했던 에커트 장교는 그날 밤 어떤 임무도
맡지 않았음이 밝혀졌다. 그렇다면 스텐튼은 왜 거짓말을 했을까? 에커트
대신에 레스본이 파견된 것도 이상했다. 레스본에 대해 좋은 평가를 내리
는 사람은 아무도 없었다. 그리고 암살범을 잡을 때의 상황도 이해하기 어
렵다. 도대체 누가 암살범을 죽였을까? 암살범을 죽이라고 명령한 사람은
누구일까? 더욱 이상한 것은 체포 보고서에서 '암살범은 자살했다' 라는
문구가 발견된 것이다. 유일한 암살범이 죽어버렸으니 이런 의문점들은
영원히 풀리지 않는 수수께끼로 남아 있을 것이다.

부 통 령 의   혐 의
링컨이 암살당하기 전에 느낀 예감이 사실이라면 그는 이미 자신을 향한

135

어떤 음모를 눈치채고 있었던 것은 아닐까? 링컨이 대통령으로 당선된 후에 이미 여러 번 암살 협박이 있었다.

1861년 3월 4일, 링컨이 워싱턴에서 제16대 미국 대통령 선서를 준비할 때도 암살 시도가 있었다. 그가 고향에서 워싱턴으로 출발했을 때 미국 남부 연합의 암살 시도가 있었다. 링컨이 먼저 그에 대한 첩보를 듣고 다른 길을 택한 덕분에 암살을 모면했다. 심지어 신문에는 이런 광고까지 실렸다. "연방 정부가 100달러만 준다면 내가 링컨과 수어드를 죽일 수 있다. 관심 있는 사람은 사서함 119호로 편지를 보내기 바란다." 이런 협박 사건이 종종 발생했기 때문에 링컨 주위의 사람들은 그의 안전을 매우 걱정했고 항상 조심하라는 말을 달고 살았다. 이 모든 사건에도 불구하고 링컨은 의연한 모습을 유지했다. 하지만 큰 종이가방 2개에 협박 편지를 모아두고 위에 '암살'이라는 두 글자를 써둔 것을 보면, 겉으로는 태연한 척 했지만 그 자신도 이미 마음의 준비를 하고 있었던 것 같다.

암살당하던 날 아침, 갑자기 링컨이 사이가 좋지 않던 앤드루 존슨에 대한 묵은 감정을 털어버렸다. 자신의 운명이 다했음을 직감한 듯했다. 그날 저녁 링컨은 육군 부대에서 공무를 마친 후 갑자기 그를 따르던 크룩에게 말했다. "이보게, 크룩. 누군가가 나를 해칠 것이네. 자네 알고 있는가?" 크룩은 깜짝 놀랐다. 평소에 다른 사람이 조심하라고 할 때 항상 웃으며 모른 척하던 링컨이 이번에는 상당히 심각한 목소리로 말했기 때문이다. 그는 혼잣말로 "나는 그들이 이럴 줄 알고 있었어."라고 중얼거렸다고 한다.

이 때문에 당시 연방 군사법원이 암살범과 동료 8명에게 암살 모의 판결을 내렸을 때 사람들은 배후에 누가 있는지 궁금해했다. 어떤 사람들은 당시 부통령인 존슨이 배후라고 주장했다. 또 일부 역사학자들은 당시 육군

1 앤드루 존슨 대통령. 부통령이었던 존슨은 링컨의 뒤를 이어서 17대 대통령이 되었지만 링컨의 많은 정책을 뒤엎었을 뿐만 아니라 암살 사건의 배후로 의심받기도 했다.

2 링컨과 아들 로버트 토드 링컨. 링컨의 아들은 죽기 전에 아버지의 개인 문서를 모두 불태웠는데, 왜 그랬을까 하는 의문이 남는다. 아마도 그는 사건의 진상을 알고 있지 않았을까?

3 링컨 기념관 안에 있는 링컨상. 후세 사람들은 지금까지도 인간 평등의 원칙을 외치며 남북전쟁을 승리로 이끌었던 링컨 대통령을 존경하고 있다.

정보기관 책임자인 라피엣 벡이 부스를 죽였기 때문에 그가 암살 배후 조종자라고 주장했다. 하지만 대다수 사람들은 링컨의 재건 정책에 불만을 가진 스텐튼 장군이 공화당 급진파를 위해 암살을 계획했을 것이라 여겼다. 훗날 어떤 사람들은 더 놀라운 주장을 펼쳤다. '부스가 캐나다 스파이와 결탁했다, 부스가 천주교로 개종했기 때문에 링컨을 죽였다, 버지니아에서 죽은 사람은 부스가 아니라 그와 흡사하게 생긴 다른 희생양이다' 등등 여러 주장들이 등장했다.

이런 의문점을 풀 수 있는 방법이 없다는 것이 가장 안타깝다. 1926년에 링컨의 아들 로버트 토드 링컨이 세상을 떠났다. 그는 죽기 전에 아버지의 개인 문서를 모두 불태워버렸다. 친구들이 당황해하며 이유를 묻자 로버트는 이 문서들이 의원들의 반란죄를 추궁할 수 있는 증거이기 때문이라고

1862년 9월 22일 미합중국 대통령 링컨은 "현재 미합중국에 대하여 반란 상태에 있는 주 또는 주의 일부의 예속 상태인 노예들은 1863년 1월 1일 이후부터 영원히 자유의 몸이 될 것이다."로 시작하는 노예 해방 선언문을 발표하였다.

말했다. 만약 그의 말이 사실이라면 링컨 암살에 정치적 음모가 숨어 있다는 것을 뒷받침한다. 하지만 로버트는 왜 그 문서를 불태웠을까? 왜 세상에 공개하지 않았을까? 이 역시 링컨 죽음의 수수께끼 중 하나다.

링컨은 용기 있게 미국 남부 노예제에 전쟁을 선포하고, 사회 전반에 깊은 영향을 미친 숭엄한 사업을 펼쳐 위대한 대통령이라는 평가를 받고 있다. 하지만 링컨이 세상을 떠난 후 계승자는 그 뒤를 따르기는커녕 오히려 링컨의 바람과 역행했다. 이 때문에 미국 인종 문제는 근본적으로 해결되지 못하고 결국 미국 사회에 암세포로 자리 잡아 지금까지 큰 사회적 문제가 되고 있다.

전쟁터에서 패색이 짙어지자, 남부 연합의 대표 로버트 리와 데이비스 등이 속속 투항했다. 남북전쟁이 끝난 후에는 남부 지역의 많은 흑인 노예들이 해방을 얻었고, 새로운 상황이 눈앞에 펼쳐졌다. 하지만 남부 재건 사업이 시작되면서 링컨의 최초 바람과 다른 상황이 발생하기 시작했다.

존슨은 초기에는 급진파의 의견에 동의하는 듯하며 반란자들을 처벌해야 한다고 했지만 그의 근본적인 신념은 공화당의 신념과 매우 동떨어졌다. 그는 자유민의 사회적 지위에 대한 공화당의 생각에 적의를 품고 있었다. 1864년에 존슨은 테네시의 한 흑인에게 자신은 그들의 '모세'가 되고 싶으며 흑인의 굴레에서 벗어나도록 도와주겠지만 반노예제 사상의 자유주장은 지지하지 않는다는 생각을 밝히기도 했다. 심지어 그는 흑인 노예를 소유하고 있었고 백인 우월주의자의 통치 신념을 신봉했다. 전시 중에 테네시의 한 논평에서는 정부가 노예 해방을 위해 전쟁을 벌였지만 존슨이 "흑인 노예들 때문에 나는 이 반란국의 귀족들과 너희의 주인과 싸운다." 라는 말을 했다고 폭로하기도 했다.

1866년에는 프레더릭 더글러스를 주축으로 한 흑인 대표단이 백악관을 방문해 재건 사업 중에 흑인 선거권을 포함시켜 달라고 강력하게 주장했다. 존슨은 그들의 주장을 들은 체도 하지 않았다. 이후 비서에게 이렇게 말했다. "내가 속았다고 생각하겠지! 나는 더글러스를 잘 알지. 그 놈이나 다른 흑인 노예들 모두 백인의 목을 베고 싶어 하지." 1865년 5월 29일, 존슨은 중요한 문건을 발표했다. 노예를 제외하고, 충성을 맹세한 모든 사람을 대사면하며 재산을 돌려준다는 내용을 담고 있었다.

더욱 용납하기 힘든 일은 존슨이 스텐튼 장군의 직위를 해제한 일이다. 존슨의 정책들이 시행되면서 의회를 장악하고 있던 공화당 급진파는 대통령의 탄핵을 결정했다. 1868년 2월 14일, 하원에서 126대 47표로 존슨의 탄핵안이 통과되어 11개 탄핵 조항이 상원에 상정되었고 존슨은 심문을 받게 되었다. 이로써 앤드루 존슨은 미 역사상 처음으로 탄핵 심문을 받은 대통령이 되었다. 상원에서 탄핵안이 통과되지 않아서 존슨은 아슬아슬하게 대통령직을 유지했지만 그의 위신은 땅바닥까지 떨어졌다.

1857년 미국에서 재미있는 평가 및 선출 회의가 열렸다. 이 회의에서 미국 역사상 위대한 상원의원 5명이 선출되었는데, 이중 켄터키 주의 헨리 클레이가 단연 돋보였다.

헨리 클레이(1777~1852)는 유명한 정치가이자 휘그당 창립자이며 지도자다. 상원과 하원 역사상 가장 중요한 연설가로 주목받았으며, 미국 경제의 현대화를 이끈 사람으로 5번이나 대선에 참여했지만 모두 실패로 끝났다. 하지만 마찰이 생긴 두 세력을 중재하는 데 뛰어난 능력을 보인 클레이는 남부와 북부 간의 마찰을 여러 번 중재해 연방 정부를 안정시켰다. 이때 큰 역할을 한 덕분에 '위대한 중재자'라는 별칭을 얻었다.

클레이가 네 살 되던 해에 침례교도인 부친이 세상을 떠났다. 클레이는 정규 교육을 받은 기간이 매우 짧았지만 어려서부터 총명했고, 독서를 좋아했다. 계부가 이 점을 일찍 발견해 클레이는 열다섯 살 때 버지니아 주 법원에서 공무원으로 일할 수 있었다. 윌리엄메리 대학 법학과 교수이자

140

주 사법부 장관인 로버트 브루너의 지도를 받아 스무 살이 되던 해에는 변호사 자격증을 획득했다.

1799년에 클레이는 렉싱턴에서 변호사 사무실을 개업하고 류크리시아 하트와 결혼했다. 하지만 하트와의 결혼 생활은 비극과도 같았다. 큰아들은 정신병원에 갇혔고, 둘째아들은 멕시코전쟁 중에 죽었으며, 딸 6명은 모두 요절했다. 1803년 스물여섯 살밖에 되지 않은 클레이는 버지니아 주에서 막 독립한 켄터키 주의 입법 기관에서 일하게 되었다. 1805년에는 법학 교수가 되어 명성을 드높였고 연설가이자 정치가로 점차 이름을 알리기 시작했다. 1807년에 그는 대학을 떠나 공식적으로 정치가의 인생을 걷기 시작했다.

1805년, 원래 1807년까지 임기를 채워야 하는 켄터키 주의 한 상원의원이 미국 사법부 장관에 임명되자 존 아델슨이 그를 대신했다. 하지만 1806년 상원의원 선거 때 존 아델슨이 아론 버와의 관계로 의심을 사면서 낙선했고, 상원의원직도 사임했다. 켄터키 주는 어쩔 수 없이 남은 임기를 대신할 사람을 물색했다. 이때 뛰어난 정치력을 발휘한 클레이가 상원의원은 반드시 서른 살이 넘어야 한다는 관례를 깨고 파격적으로 상원의원직을 이어받았다. 임기가 끝난 후 다시 켄터키 주 하원으로 돌아온 그는 1809년 켄터키 주 하원의장으로 선출되었다. 그는 임기 중 켄터키 주에서 큰 지지를 얻고 있던 반영국 개혁 운동을 막았다. 1811년, 클레이는 또다시 다른 사람의 상원의원직을 이어 임기를 마쳤다.

1811년 3월 4일, 미국 하원의원에 당선된 클레이는 11월 4일 연방 하원의장으로 선출되어 명실상부한 민주공화당의 지도자가 되었다. 이전 의장과는 달리 클레이는 항상 하원의 여러 사무에 관한 회의에 참석했고 자신의 뛰어난 교섭 및 연설 능력을 이용해 의원들의 결정에 큰 영향을 미쳤다. 보수 강경파 대표인 클레이는 영국과의 관계가 악화되었을 때도 영국이 인디언을 무장시키고, 캐나다를 점령하고, 미국 상선을 억류해 국가 안보와 해상 무역의 이익에 해를 끼쳤다고 주장했다. 또한 그는 칼혼과 함께 영국과의 전쟁을 선동했다.

클레이는 하원에서 "만약 국가 간의 충돌을 피하려면 바다를 포기하면 된다."라고 연설함으로써 제임스 매디슨(1751~1836, 4대, 재임 1809~1817) 대통령이 1812년 전쟁을 선포하는 데 큰 영향을 미쳤다. 1814년에 클레이는 하원의장직을 사퇴하고 평화 사절로서 유럽을 방문했다. 그리고 1814년 12월 24일 미영 정전을 선언하는 '겐트 조약'에 서명했다.

1815년 미국으로 돌아온 클레이는 다시 하원의장에 선출되었다. 이때 그는 '미국식 시스템'이라는 경제 계획을 제시했다. 고관세를 실시해 미국 공업 발전을 이끌고 국가 은행을 설립해 각 지역에서 유통되는 화폐를 통일하고 교통 시스템을 구축해 자원 유동량을 늘려서 국가 경제 발전을 이끌자는 것이 그의 목표였다. 이 계획은 1816년 관세법이 시행되면서 시작되었다. 공업을 근간으로 삼는 동부 연안 주는 이 계획을 환영했으나, 농업과 농장 경제를 주로 하는 남부와 서부에서는 반대했다. 하지만 클레이의 중재로 남북부 모두 이 법안을 지지하게 되었다.

1820년에 남북부가 새롭게 연방 정부에 가입한 미주리 주에 노예제 시행 여부를 놓고 격렬한 논쟁을 벌였다. 클레이의 중재로 양측은 미주리 타협을 받아들였고 미주리 주는 노예주, 메인 주는 자유주로 결정되었다. 이렇게 해서 하원에서 자유주와 노예주 의원 비율을 그대로 유지할 수 있었다. 또한 미주리 주를 제외하고 북위 36도 30분선 이상 지역에서는 노예제

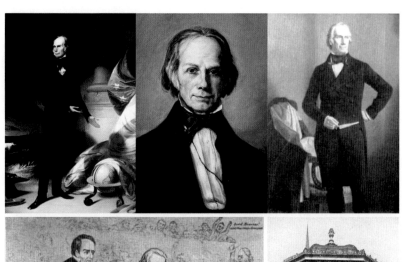

1
2 3

1 위대한 중재자였던 헨리 클레이. 노예제도를 둘러싼 남북대립과
미주리 주의 연방 가입 논쟁 등에서 타협을 이끌어낸 클레이는
켄터키 주를 대표하는 정치가였다.

2 당시 정치 상황을 풍자한 만화. 헨리 클레이의 최대 장점은 각 정치 집단을 중재해
갈등을 잠재우는 것이었다. 그는 '타협의 명수'라는 별칭으로 불리기도 했다.

3 헨리 클레이 동상. 링컨 대통령도 클레이의 사상을 높이 평가해
미국의 이익을 수호하는 선구자라고 말하기도 했다.

를 시행할 수 없도록 정했다.

1823년에는 민주공화당의 핵심 그룹이 윌리엄 크로포드를 대통령 후보로 지명했다. 하지만 다른 민주공화당 의원들은 이 지명 제도를 완강히 반대했고, 얼마 후에는 크로포드가 중풍을 얻으면서 민주공화당이 분열되었다. 이로서 헨리 클레이와 존 퀸시 애덤스(1767년~1848년, 6대, 재임 1825~1829), 앤드루 잭슨, 윌리엄 크로포드 등 4명이 미국 대선에 출마하게 되었다. 그 결과 단 한 명도 득표수가 과반을 넘지 못했고 상원은 곤혹스러움에 빠져들었다. 오직 3등 후보까지만 다시 선거를 치르도록 규정한 미국 헌법에 따라 득표수에서 4위를 한 클레이는 재선거에 참여할 수 없게 되었다. 그는 지지자들에게 자신과 정치적 성향이 가까운 애덤스를 선택하도록 독려했다. 그 결과 첫 선거에서 득표수 1위였던 잭슨이 애덤스에게 패하고 말았다. 클레이는 잭슨이 '뉴올리언스에서 영국군을 잔인하게 학살했다'고 여겨 그를 지지하지 않았다. 애덤스는 대통령으로 선출된 후 클레이를 국무장관에 임명했다. 이를 본 잭슨은 이번 대선이 부패한 선거라고 비난했지만 이를 뒷받침할 증거를 내놓지는 못했다.

클레이는 국무장관을 지내는 4년 동안 남미 독립운동과 그리스의 터키 저항 운동을 지지했고 1826년까지 건국된 모든 국가를 인정했다. 한편으로 그의 미국식 시스템 정책을 계속 추진해 국가의 수입을 증대시키고 교통 시스템을 발전시키기 위해 노력했다. 오랫동안 논쟁을 거친 끝에 의회는 1828년 관세 법안을 통과시켰다. 하지만 국가 교통 시스템 관련 예산은 통과하지 못했다. 1828년 관세 법안은 남부 주의 강한 반대에 부딪쳐 여러 번 개정되었다. 그 후 1828년 클레이는 대통령 선거에서 잭슨과 경쟁했으나 결국 패배했다.

1832년 대통령으로 재선된 앤드루 잭슨이 관세 인하 방안에 서명했다. 하지만 여전히 사우스캐롤라이나 주를 위시한 일부 주의 격렬한 반대에 부딪쳤다. 더군다나 칼혼 부통령까지 대통령의 반대편에 서서 사우스캐롤라이나 주의 반대를 이끌며 무효론을 주장했다. 무효론은 어떤 주든지 연방 법률이 헌법에 위배된다고 판단하면 해당 법률이 무효라고 선언할 수 있다. 이후 의회는 곧바로 잭슨 대통령에게 무력 동원 권한을 부여했고, 잭슨은 연방 법안에 반대하는 사람은 누구든지 사형에 처하겠다고 선언했다. 이때 클레이가 다시 중재에 나섰다. 그는 매년 관세를 인하하는 법안을 제시해 양측의 동의를 얻음으로써 성공적으로 관세 법안을 통과시켰다. 이는 연방 정부와 주 정부의 갈등을 평화적으로 해결한 좋은 선례를 남겼다.

클레이와 잭슨은 연방 통일을 유지하는 데는 의견이 일치했지만 다른 문제에서는 전혀 다른 입장을 취해 평생 앙숙처럼 살았다. 잭슨은 클레이를 무뢰한이라 불렀고 말년에는 클레이와 칼혼을 자신의 손으로 숙청하지 못한 것을 두고두고 후회했다. 클레이 역시 잭슨을 '무지하고 충동적이고 부패한 위선자'라고 불렀다.

클레이는 존 퀸시 애덤스와 함께 잭슨-마틴 밴 뷰런 연맹을 반대하는 세력을 조직해 국가공화당(휘그당의 전신)을 창립했다. 국가공화당은 클레이의 미국식 시스템을 추진해 고속 성장을 이끌고, 국가 은행을 설립하고 화폐를 통일해 유기적인 연방 국가를 구축해야 한다고 주장했다. 훗날 에이브러햄 링컨은 이 사상을 높이 평가하며 클레이가 미국의 이익을 수호하는 선구자라고 말하기도 했다. 하지만 당시 국가공화당은 남부 주의 환영을 받지 못했다. 얼마 후 클레이가 국가공화당 후보로 1832년 미국 대통령 선거에 참여했다. 민주당 후보로는 당시 대통령이었던 잭슨이 재출

마했다. 대선의 쟁점은 미국 제2은행의 존폐 문제였다. 클레이는 안정된 통화 정책을 유지하기 위해 제2은행의 필요성을 주장했지만 잭슨은 부정적인 태도를 보였다. 결국 대중의 환영을 받은 잭슨이 큰 표 차이로 클레이를 눌렀다.

클레이는 국가공화당 세력 대부분을 흡수해서 휘그당을 창립하고 1840년에 대통령 경선에 출마했다. 하지만 인디언전쟁에서 대승을 거둔 윌리엄 헨리 해리슨이 당내 후보 지명 선거에서 그를 누르고 당선되었고 결국 대통령이 되었다. 그 후 1844년에 휘그당 후보로 다시 대통령 선거에 출마했지만, 민주당 대통령 후보였던 제임스 K. 포크(1795~1849, 11대, 재임 1845~1849)에게 패배하였다.

대선 실패 후 클레이는 정계에서 물러나기로 결심하고 켄터키 주로 돌아와 말년을 보냈다. 하지만 1년이 채 안 돼 켄터키 주 하원으로 선출되었다. 이때 하원에는 남북부 양측이 멕시코로부터 획득한 새 영토에 노예제를 시행하느냐를 놓고 격렬한 논쟁을 벌이고 있었다. 평생 무효론을 주장하던 무쇠 같은 인물인 칼혼의 주도로 남부는 연방을 탈퇴하겠다며 정부를 압박하고 있었다. 이런 위협 속에서 노쇠하고 병든 72세의 클레이가 모두에게 화해를 호소하며 타협안을 제시했지만 받아들여지지 않았다. 정치가인 스티븐 더글러스 역시 타협안을 제시했지만 제퍼슨 데이비스를 위시한 남부 세력이 이를 받아들이지 않았다. 오랜 논쟁을 거듭한 끝에 클레이가 다시 중재 능력을 발휘했고, 결국 남북부 양측은 9월에 1850년 타협안을 이끌어냈다.

이 법안은 캘리포니아 주는 자유주로 연방 정부에 가입하고 뉴멕시코 주와 유타 주는 각자 결정한다는 내용을 담고 있다. 이로써 남부 지역이 연방 정부를 탈퇴하는 극단적인 상황은 벗어날 수 있었다. 하지만 이 법안은 남북전쟁을 11년 후로 미룬 미봉책에 불과해, 훗날 사람들은 이를 '화산 입구를 잠시 덮은 뚜껑'이라 불렀다.

1852년 6월 29일, 헨리 클레이는 워싱턴에서 75세로 세상을 떠나 렉싱턴 공동묘지에 안장되었다. 그의 시신이 도시를 하나하나 지날 때마다 많은 시민들이 그를 추모했다.

전설의 복서
무하마드 알리

1942년 1월 17일, 미국 켄터키 주 루이빌의 한 흑인 가정에서 캐시어스 마셀러스 클레이가 태어났다. 이 아이가 나중에 큰 명성을 얻게 되는 챔피언, 무하마드 알리다.

당시 켄터키 주는 다른 주와 마찬가지로 인종분리제를 시행하고 있었고, 흑인은 벌레보다 못한 취급을 받았다. 이런 환경은 어린 알리의 마음에 큰 상처를 남겼다. 다섯 살밖에 되지 않은 알리가 아버지에게 이렇게 물었다고 한다. "식료품점 주인도 백인, 약국 주인도 백인, 차를 모는 사람도 백인인데 우리는 왜 돈 많은 사람이 될 수 없어요?" 그러자 아버지가 알리의 까만 손을 잡고 의미심장한 말을 남겼다. "바로 이것 때문이란다." 이런 환경 속에서 자란 알리는 어렸을 적부터 자신의 힘으로 이 모든 것을 바꾸겠다고 마음먹었다. 네 살 때에는 어머니에게 언젠가 세계 일등이 되고 말겠다는 말을 남기기도 했다.

알리는 열두 살 때부터 근처 헬스장에서 복싱을 배우기 시작했다. 매일

148

매일 강도 높은 훈련에다 천부적인 소질까지 더해 그는 복싱계에서 빠르게 두각을 나타냈고 열여덟 살에 미국 대표 선수로 로마 올림픽에 참가했다. 알리가 링 위에서 보여준 탁월한 실력은 사람들의 감탄을 자아내기에 충분했다. 어떤 사람은 "알리의 손은 벌처럼 빠르고, 발은 나비처럼 가볍고 활기차다"고 묘사하기도 했다. 사람들의 환호 속에서 알리는 3라운드 만에 승리를 거두면서 금메달을 목에 걸었다. 올림픽 금메달리스트가 된 알리는 미국으로 돌아온 후에 사람들의 추앙을 받았다.

눈앞의 영광에 잠시 눈이 먼 알리는 그의 우승으로 유색인종에 대한 편견을 고칠 수 있을 것이라 믿었다. 하지만 변함없는 잔인한 현실 앞에서 그의 꿈은 산산이 부서졌다. 알리가 목에 금메달을 걸고 시내의 한 식당에 들어갔는데도 아무도 그에게 서비스를 하지 않았다. 인종분리정책이 여전히 시행되고 있었기 때문이다. 그가 "난 금메달리스트란 말이야!"라고 외쳐도 돌아오는 것은 "네가 누구든 우리와는 상관없다."라는 대답뿐이었다. 분노에 찬 알리는 금메달을 바다에 던져 버리고 다시는 이런 나라를 위해 힘을 쓰지 않겠다고 절규했다.

1960년 10월 29일, 알리는 첫 프로 권투 경기에 참가해 승리를 거두었다. 그 후 1년여의 시간 동안 알리는 거의 전승을 거두었다. 그중 일곱 번은 상대를 KO시켰다. 스물두 살의 알리는 1964년 2월 25일에 소니 리스

인종분리 자본주의 국가에서 백인종과 유색인종, 유럽인과 아프리카인 등에 대해 강제적으로 실시한 분리정책을 의미한다. 인종분리는 대체적으로 두 가지 형태로 나타난다. 신체적 분리나 제도적 분리, 지역간 분리다. 미국의 인종분리는 전자에 속하며 다음의 내용이 주를 이룬다. 유색인종은 백인종과 같은 학교에 다닐 수 없고, 같은 집에 살 수 없고, 같은 교회에 다닐 수 없으며, 같은 묘지에 묻힐 수도 없다.

턴과의 헤비급 복싱 시합에서 우승하면서 그의 생애 첫 챔피언 타이틀을 거머쥐었다.

그 후 프로 복싱계는 알리의 시대가 되었다. 이 시대의 프로 복싱 선수들이 매니저를 통해 매스컴과 접촉한 것과 달리 알리는 실력을 갖춘 데다 언변까지 뛰어났다. 상대 선수뿐만 아니라 그를 취재하는 기자들까지 그의 언변에 쩔쩔맸다. 경기 후 기자 회견에서 알리가 말했다. "누가 최고인가? 누가 최고인가? 봐, 아무 말도 안 하고 있잖아. 불공평해! 그 어디에도 공평함이란 없어! 평등하지 않다고! 그 누구도 나를 공평하게 대하지 않아! 누가 최고인지 내가 알려주지. 다시 기회를 주겠소, 누가 최고요?" 하지만 자신감이 넘치고 거만하기까지 한 이 청년을 누구도 인정하지 않았다.

알리가 새로운 챔피언으로 등극한 다음날인 2월 26일, 그는 자신이 이슬람교로 개종했으며 이름을 무하마드 알리로 바꿨다고 전 세계에 선포했다. 1964년 5월에 알리는 처음으로 아프리카 땅을 밟았다. 아프리카에서 그는 각국 정부로부터 국가 원수급 대접을 받았고 현지 사람들로부터 상상을 초월하는 환대를 받았다.

시카고로 돌아온 후 자신보다 한 살 많은 소니 로이를 만나 1964년 8월 14일에 결혼식을 올렸다. 그해에 알리는 리스턴의 재도전을 받아들였고 최상의 컨디션으로 단 1라운드 만에 리스턴을 KO시켜 첫 타이틀 방어에 성공했다. 그러나 관중들은 승리한 알리에게 오히려 야유를 보냈다. 당시 미국에서 소수민족에 불과한 흑인은 차별 대우를 받았고 특히 무슬림 흑인은 약자 중의 약자였다. 따라서 알리로 개명한 그날부터 그는 미국 주류 사회의 반역자가 되었다.

알리의 다음 적수는 플로이드 패터슨이었다. 그는 당시 유일하게 2번 도전하고 바로 챔피언에 오른 선수였다. 경기 전 TV 인터뷰에서 알리가 말했다. "저는 상대 선수에게 별명 붙이는 것을 좋아합니다. 토끼는 자신의 그림자를 보고도 놀라는 동물인 걸 모두 아실 테지요. 토끼는 일단 코너에 몰리면 경직돼서 꼼짝을 못합니다. 그래서 저는 패터슨에게 '토끼'라는 별명을 붙여주고 싶네요." 이전 헤비급 챔피언이었던 패터슨의 인터뷰 내용은 다음과 같다. "제가 그를 쓰러뜨리고 싶은 이유는 돈 때문이 아닙니다. 챔피언 타이틀을 빼앗아 무슬림 흑인이 아닌 미국 국민들에게 되돌려주고 싶기 때문입니다." 당시 복싱 규칙은 프로 복싱 경기의 경우 총 15라운드로 구성되었다. 11라운드까지 알리의 맹공을 막아낸 패터슨은 12라운드가 시작되자 체력 부족으로 반격할 힘을 잃었다. 경기는 알리의 승리로 끝났고 그는 다시 챔피언 방어에 성공했다.

1960년대 중반에 베트남전쟁이 터졌다. 전쟁이 점차 악화되면서 알리 역시 군에 입대해야 하는 상황에 놓였다. 하지만 알리는 매스컴에 반전을 선언하면서 전 미국을 충격에 빠뜨렸다. "나는 절대로 이역만리까지 가서 가난한 사람들을 학살하지 않을 것이다. 내가 죽는다 하더라도 여기에서 죽을 것이다. 우리 한 번 싸워 보자! 내가 죽는다면 바로 당신 때문이며 중국인, 베트남인, 일본인 때문이 아니다. 난 자유를 원하지만 당신들이 주지 않았다. 나는 공평한 대우를 원했지만 당신들이 주지 않았다. 난 평등을 원했지만 당신들이 주지 않았다. 그런데 당신들은 나에게 당신들을 대신해서 전쟁을 치르기를 요구한다. 당신들은 나의 권익과 신앙을 보호하지 않았다. 자기 나라에서도 이런 것들을 보호하지 못하면서 왜 다른 나라 일에 관여하는가!"

1966년 2월 일리노이 주 스포츠선수위원회가 기자 회견을 열어 알리에게 반전에 관한 언행을 사과하라고 요구했다. 알리가 말했다. "저는 유감을 표시할 준비가 되지 않았습니다." 그때 기자가 "그렇다면 비애국적인 언행에 대해서는 어떻게 할 것입니까?"라고 묻자, 알리는 "필요한 때에 정부나 관련 인사들에게 직접 설명할 것입니다."라고 대답했다. 다시 기자가 "그렇다면 이번에 당신의 발언에 대해 사과하지 않을 것입니까?"라고 묻자, 그는 "이에 대해서는 정부에 확실히 말해야 하겠지요."라고 대답했다. 기자가 또 물었다. "만약 제 기억이 틀리지 않는다면 당신은 국민들의 챔피언이라고 말했습니다. 맞습니까?" 알리는 "그렇습니다."라는 대답을 했고, 기자가 "그렇다면 당신이 국민들의 챔피언에 적합하다고 보십니까?"라고 물었다. 알리가 대답했다. "그렇습니다."

이후 미국 여러 주에서 알리의 복서 라이선스를 박탈했다. 어쩔 수 없이 미국 밖에서 벌어진 복싱 챔피언전에 참가한 알리는 해외에서 영웅이 되었다. 1966년 5월 21일에 영국 런던에서 도전자 쿠퍼를 물리치는 것을 시작으로 각국에서 벌어지는 시합에서 도전자들을 모두 패배시켰다. 그해 11월 14일에 미국으로 돌아온 알리는 텍사스 주 휴스턴에서 도전자 윌리엄스를 물리치며 일곱 번째 챔피언 타이틀 방어에 성공했다.

1967년 초 15라운드까지 시합을 겨룬 끝에 알리가 트레르에게 판정승을 얻었다. 3월 22일 미국 뉴욕에서는 제7라운드에서 프레이를 KO시키고 연

베트남전쟁(1961~1975년) 제2차 인도차이나 전쟁이라 불린다. 베트남전쟁은 2차 세계대전 이후 참전한 미군 수가 가장 많고 가장 큰 영향을 끼친 전쟁으로 지금까지 미국이 유일하게 패전한 전쟁으로 기록되고 있다. 베트남전쟁은 세계 냉전 기간에 벌어진 '1차 열전'으로, 베트남 통일을 원한 북베트남 지도자 호치민이 남베트남 고딘디엠 정부에 반기를 든 남부 게릴라 '민족해방전선'을 지지하면서 발발했다. 케네디 대통령이 군대를 파병해 남베트남을 지원했고, 닉슨 대통령 시절에 미국 내에 반전 바람이 불면서 철군했다.

1 2
3 4

1 흑인인 알리는 그만의 방식으로 자신을 증명하기로 결심했다. 그는 어떤 압박에도 굴하지 않고, 어떤 위기에도 다시 살아나는 챔피언의 모습을 보여주며 전 세계인의 찬사와 존경을 한 몸에 받았다.

2 무하마드 알리는 링 위에서 나비처럼 날아 벌처럼 쏘며 도전자를 한 명씩 쓰러뜨려 '챔피언' 타이틀을 거머쥐었다.

3 독특한 인격의 소유자인 알리는 흑인들의 영웅이 되었다. 남아프리카 공화국의 만델라 대통령까지 그가 '내 마음속의 영웅'이라고 고백했다.

4 시대가 발전하면서 알리는 미국뿐만 아니라 전 세계에서 존경을 받았다. 사진은 2005년 부시 대통령이 대통령자유훈장을 수여하고 있는 모습이다.

속 챔피언 타이틀을 지켰다. 하지만 얼마 후 알리는 아홉 번의 챔피언 타이틀을 강제로 빼앗기고 말았다. 미국 지방법원에서 병역 거부를 이유로 알리의 전미 복서 라이선스를 박탈했기 때문이다. 불법으로 복싱을 했다는 이유로 알리는 5년형을 선고받았으며, 이후 챔피언 알리는 복싱을 할 수가 없었다.

이런 강한 압박 속에서도 알리는 절대 굴하지 않았다. 각종 집회에 참여하고 텔레비전 프로그램에 출연해 반전 홍보를 하기도 했다. 이런 상황에서도 그는 훈련을 포기하지 않았고 결국 1970년에 챔피언의 신화를 이어갔다. 1967년 8월 17일, 스물다섯 살의 알리는 두 번째 부인인 열일곱 살의 베린다와 결혼했다.

1960년대 말부터 미국 내에서 반전을 외치는 목소리가 차츰 높아지자 알리는 대표적인 반전 인사로 더 큰 인기를 얻었다. 1970년, 미국 최고법원은 알리의 복서 자격을 회복시켰고, 그는 2년 만에 링 위로 복귀했다. 하지만 2년 넘게 공식 경기에 나가지 못한 그는 나이뿐만 아니라 체중까지 늘어 이전과 같은 모습을 보여주지 못했다. 특히 사람들이 나비 풋스텝이라 칭했던 그의 스텝을 더 이상 볼 수 없게 되었다. 1971년 5월 8일, 알리는 도전자로 경기에 나섰지만 당시 챔피언인 조 프레이저에게 두 번이나 KO를 당하고 말았다. 1973년 5월 31일에는 켄 노턴에게 판정패를 당하며 복귀 후 두 번째 패배를 맛봤다. 이때부터 사람들은 알리의 시대가 지나갔다고 여기기 시작했다.

알리와 비슷한 성장 과정을 보인 조지 포먼이 점점 두각을 나타내기 시작했다. 포먼 역시 모든 경기에서 전승을 거두며 승승장구했다. 1973년 1월 22일, 붉은 반바지를 입고 등장한 포먼은 조 프레이저를 6번이나 KO시키며 단 2라운드 만에 챔피언 타이틀을 획득했다. 1974년 3월에 그는 절대적인 우위를 차지하며 켄 노턴을 물리치고 챔피언 타이틀을 방어했다. 40연승을 거둔 포먼에게 무하마드 알리만이 유일한 적수로 남아 있었다.

포먼과 알리의 시합을 기획한 사람은 훗날 복싱계에 큰 바람을 몰고 온 프로모터 돈 킹이었다. 킹은 아프리카 자이레 수도 킨샤사에서 시합을 주선했기 때문에 이 시합은 '밀림 대전'이라 불렸다. 당시 알리는 챔피언이 아니었고 확실히 포먼의 실력보다 한 수 아래였지만, 현지 사람들은 여전히 알리를 존경하고 있었다. 킨샤사의 환영 열기는 사람들의 상상을 초월할 정도였다. 이런 상황에서 포먼이 상대해야 하는 적수는 알리를 포함한 킨샤사 주민 전체였다. 사람들은 당시를 이렇게 기억했다. "포먼이 자이레에 도착하자 어떤 사람이 팻말에 적혀 있는 말을 통역해주었어요. '알리, 포먼을 없애 버려!'라는 것이었죠. 조지 포먼는 더욱 겁에 질렸고 그때부터 자이레를 벗어날 생각만 했어요. 경기 장소를 바꾸든지 아예 경기를 치르지 않는 게 낫다, 이것이 당시 조지의 생각이었고 이런 생각은 더욱 깊어졌죠."

1974년 10월 30일, 킨샤사에서 알리가 챔피언 포먼에게 도전했다. 이경기를 위해 특별히 지은 경기장은 관중들로 인산인해를 이루었다. 도전자 알리가 링 위에 오르자 모든 관중들이 리듬에 맞춰 소리를 질렀다. "알리, 포먼을 없애 버려!" 경기가 시작되자마자 포먼이 알리를 코너로 몰며맹공격을 퍼부었다. 알리는 수동적으로 링의 루프에 기댄 체 방어에만 집중했다. 7라운드까지 이런 상황이 벌어지자 사람들은 체념했다. 하지만 8라운드 때 상황이 급변했다. 7라운드까지 힘을 비축한 알리가 집중타를 날렸고 체력이 바닥난 포먼이 링 위로 쓰러졌다.

밀림 대전에서 완벽한 승리를 거둔 알리는 7년 만에 챔피언 타이틀을 거머쥐었다. 이후 알리는 10번 연속 챔피언 타이틀을 방어했다. 이중에는 1975년 10월 필리핀 마닐라에서 조 프레이저를 꺾은 세기의 대전도 포함된다. 1978년 9월에 스핑크스에게 판정승을 거둔 후에 36세의 알리가 은퇴를 선언했다. 20년의 복싱 선수 생활에서 22번 헤비급 챔피언 타이틀을 거머쥔 영웅은 이렇게 현역에서 사라졌다.

두 번째 부인 베린다와 이혼한 알리는 1977년 6월에 세 번째 부인 베로니카 포르쉐와 결혼했다. 이후 알리는 파킨스 병을 진단받았지만 문화, 스포츠 사절로서 세계 각국을 누볐다. 얼마 후 세 번째 결혼 생활도 청산하고 1986년 11월 19일에 지금의 부인 로니와 결혼했다.

알리는 스포츠계에서 뛰어난 공훈을 세워 올림픽조직위원회로부터 20세기의 위대한 스포츠맨 25인 중 한 명으로 선정됐다. 미국인의 마음속에 특별한 위치를 차지하고 있는 그는 1996년 애틀랜타 올림픽 개막식에서 최종 성화 점화자로 등장했다. 8월 2일 애틀랜타 올림픽 남자 농구 결승전에서 사마란치 위원장이 로마 올림픽 금메달을 특별 제작해서 알리의 목에 걸어주었다. 알리에게 금메달을 되찾아준 건 그의 평생의 염원을 이루어 준 것일 뿐만 아니라 압박에 굴하지 않고 위기에서도 다시 살아나는 챔피언에 대한 찬사와 존경을 나타내는 것이기도 했다.

2005년 11월 9일 미국 워싱턴에서 부시 대통령이 알리에게 '대통령자유훈장'을 수여했다. 알리는 20세기 복싱계의 가장 위대한 영웅이며 스포츠계를 뛰어넘어 시대의 우상이 되었다. 복싱계에서 은퇴한 후 알리는 종교, 자선 사업과 세계 평화 수호 사업에 헌신했고 여러 국가에서 대통령으로부터 일반 국민에 이르기까지 따뜻한 환대를 받았다.

"나는 내가 해야 할 일을 하고 있을 뿐이다. 그리고 나는 내가 원하는 대로 자유롭게 생각할 것이다." 알리의 이 말에서 우리는 그가 어떤 사람인지 느낄 수 있다.

또한 다른 사람들의 평가 역시 그를 이해하는 데 도움이 될 것이다. 남아프리카 공화국의 만델라 대통령은 이렇게 말했다. "알리는 내 마음속의 영웅이다. 알리는 전 세계 흑인들에게 삶의 불평등을 어떻게 없앨 수 있는가가 바로 성공 여부를 판단하는 잣대라는 것을 몸소 보여주었다. 그의 인격과 행동으로 보여준 모든 노력에 감사하고 나에게 용기를 불어넣어준 것에 감사한다."

챔피언인 홀리필드는 이런 말을 남겼다. "위대한 선수라고 불리던 사람들은 집에 돌아가면 문을 닫고 외부와의 소통을 꺼린다. 하지만 알리는 달랐다. 그는 누구에게나 차를 멈춰 사인하고 사진을 찍어주는 유일한 사람이다. 나는 할 수 없었지만 그는 했다. 그는 많은 시간을 들여 사람들에게 '당신은 할 수 있다'고 말하며 관심을 기울였다. 그래서 사람들은 이 영웅에게 모자를 벗어 경의를 표하기를 기꺼이 즐긴다."

테네시

5장 | 평행사선 테네시

테네시 주 서쪽 경계에 거대한 미시시피 강이 흐른다. 오하이오 강의 첫 번째 지류인 테네시 강은 앨라배마 주와 테네시 주를 지나서 최종적으로 오하이오 강으로 흘러들어 간다. 켄터키 주 바로 옆에 위치한 테네시 주는 영토 모양이 평행사변형처럼 생겨 '평생사선의 주'라고도 불린다. 미국 성장의 축소판이라고 할 수 있는 테네시는 루스벨트 대통령에 의해 테네시 강 개발 공사가 진행되었고 테네시 주 남서쪽, 미시시피 강 동쪽의 항구 도시 멤피스는 마틴 루터 킹 목사의 암살과 가수 엘비스 프레슬리의 사망으로 유명해졌다. 이들이 타계한 장소는 박물관이 되어 현재 많은 관광객들의 발길이 이어지고 있다.

많은 사람들의 논란 속에서 진행된 테네시 강 유역 개발 사업은 공공사업의 성공 사례로 세계의 주목을 끌었다.

테네시 주는 켄터키 주 바로 옆에 위치하고 있다. 주의 영토 모양이 평행사변형처럼 생겨서 '평생사선의 주'라고도 불린다. 이곳은 미국 중남부에 위치한 작은 주이지만 미국 성장의 축소판이라고 할 수 있다. 미국 서부 대개발 이전의 이 지역은 유명한 경계주였으며, 남북전쟁 기간에는 특수한 지리적 위치로 가장 격렬한 전쟁이 벌어지곤 했다. 통계에 따르면 당시 테네시 주에서 300~700차례의 전투가 벌어진 것으로 나타난다. 특히 1862년 북부 군대가 이곳에서 승리를 거두자 미시시피 강 유역 전체가 연방 정부의 손에 들어갔다.

오하이오 강의 첫 번째 지류인 테네시 강은 애팔래치아 산맥 서쪽 산비탈에서 발원해 남쪽에서 북쪽으로 앨라배마 주와 테네시 주를 지나 최종적으로 오하이오 강으로 흘러들어 간다. 테네시 강 유역은 강수량이 풍부하지만 계절에 따른 수위 변화가 심해서 늦겨울부터 초봄까지의 폭우로 강이 범람하기 쉽고 여름에는 수위가 낮아진다.

　미국 건국 초기 서부 대개발 때 새로운 이주민들이 농경 산업과 광산 개발에 수자원을 이용하면서 다양한 규모의 댐이 건설되었다. 수자원은 소방, 광물 세척, 관개, 식용수, 해운 등 여러 영역에서 이용되었다. 하지만 19세기 후반 이주민들 사이에서 뜨겁게 달궈진 금 채굴 열풍이 로키 산맥 동쪽 대평원과 남서부 지역까지 불어 닥쳤다. 그러면서 이 지역에 문제가 발생하기 시작했다. 이곳은 본래 강수량과 강설량이 매우 적어서 농지에 물을 대기도 힘든 지역이었다. 게다가 이민자가 급증하자 도시에는 대량의 생활용수가 필요하게 되었다. 뿐만 아니라 이미 개발된 옛 서부 지역과

1 시어도어 루스벨트 대통령. 자연 자원을 과학적으로 보호하고 합리적으로
  이용해야 한다고 생각한 그는 미시시피 강 유역의 치리 사업에 큰 관심을 보였다.
2 프랭클린 루스벨트 대통령. 경제 대공황 사태에서 뉴딜 정책을 실시하면서
  테네시 강 유역에 대규모 종합 개발을 추진했다. 미국 내에서 가장 빈곤하고
  낙후되었던 테네시 주는 테네시 강 유역의 대규모 종합 개발 계획을
  성공적으로 이끌어 전 세계적으로 주목을 받았다.

중서부 지역에서도 새로운 문제가 발생했다. 관개수량이 풍부하고 수자원을 얻기 쉬우며 교통이 편리해 마을과 도시들이 속속 들어선 것이다. 인구와 부는 빠르게 늘어났지만 매년 물의 위협에서 벗어날 수 없었고 이 때문에 지식인들은 야심찬 계획을 세우기 시작했다.

 당시 유명한 탐험가인 포웰이 『미국 가뭄 지역 토지 보고』라는 책에서 대형 수리 사업과 가정식 농장의 필요성을 주장해 미국 의회와 각계의 호응을 끌어냈다. 하지만 대형 수리 사업은 막대한 재원을 필요로 하기 때문에 사회, 지방 혹은 민간 기업의 인적, 물적 자원만으로는 턱없이 부족했다. 따라서 연방 정부가 서부 수리 사업 계획을 추진하는데 주도적인 역할을 맡게 되었고, 이로 인해 서부 개발에 더욱 박차를 가하게 되었다. 특히 수자원 개발 및 관리 업무와 관련해 미국 서부 경제 발전을 가속화했다. 1902년까지 서부 지역 개간을 총괄하는 연방 정부 기구, 미국 개간국이 창

설되었다. 이때부터 미국 서부 개발의 새로운 장이 열리게 되었다. 당시 시어도어 루스벨트 정부가 이 부분에서 크게 공헌했다.

시어도어 루스벨트 대통령은 자연 자원을 과학적으로 보호하고 합리적으로 이용해야 한다고 주장했다. 1907년 1월에 유명한 수리 전문가들이 모여 해운, 전력 발전, 개천 바닥 정리, 홍수 통제, 수리 관개 및 국내해운위원회 창설 계획에 대해 토론을 벌였다. 2월에 그들은 루스벨트 대통령에게 수리 종합 발전 의견을 제출했고 국내해운위원회 창설을 제안했다. 3월 14일, 루스벨트 대통령이 국내해운위원회 임명을 공식 발표하고 임명서에서 설립 목적을 분명하게 규정했다. "거대한 자연 자원인 우리나라 하천을 보호해야 할 필요성이 점차 대두되고 있다. 단일한 목적을 세우고 해운 사업을 설계해야 한다. 해운을 개선하고 전력을 발전시키고 가뭄 지역에 관개를 하고 저지대의 홍수 피해를 막아야 하며 가정 및 기업에 수자원을 공급하는 것 등이 포함될 것이다. 종합적인 계획을 수립해 지방 사업 및 하천 사용을 추진해야 한다. 전체 국가의 이익을 위해서 행동해야 할 때가 왔다. 이 계획에 포함시킬 수 있는 모든 하천의 용도를 고려하고, 모든 사용자의 의견을 조율해야 한다."

1907년 4일에 국내해운위원회가 설립된 후 곧바로 미시시피 강 해운, 홍수 방지, 컬럼비아 강 등 기타 하류의 수력 발전 개선 및 해운, 삼림 보호와 하천과의 관계 등의 문제에 대한 현지 조사, 자문 등을 진행했다. 루스벨트 대통령 역시 직접 미시시피 강을 시찰했다. 10월 4일, 그는 멤피스에서 열린 회의에서 다음과 같이 연설했다. "자연 자원을 최대한 잘 이용하려면 모든 일을 계획적으로 진행해야 합니다. 그리고 하천 항로를 최적으로 이용하는 것은 그 어떤 일보다 중요합니다. 이는 분명합니다. 가장 시급

연방 정부가 서부 수리 사업 계획을 추진하는데 주도적인 역할을 맡게 되면서 서부 개발에
더욱 박차를 가하게 되었다. 특히 테네시 유역 관리 사업은 미국 서부 지역 발전에 큰 영향을 미쳤다.

한 일은 원대하고 종합적인 계획을 수립하는 일입니다. 이 계획에는 해운
뿐만 아니라 수리 관개를 포함해야 하고 국내 하천 항로의 각종 용도를 고
려해야 합니다. 이 계획을 실행하는 주요 동기는 합중국이 하천을 충분히
활용해 최대의 이익을 얻고 오랫동안 이용할 수 있도록 정비하고 관리하기
위해서입니다."

　1908년 2월 3일, 국내해운위원회가 수리 종합 발전 보고서를 대통령에
게 제출했다. 2월 28일에 루스벨트 대통령이 자문 보고서까지 첨부해 의
회에 발전 보고서를 보냈다. 1908년 5월 16일에 루스벨트 정부의 수리 종
합 발전 계획은 오랜 논의를 거친 끝에 하원에서 226대 2표로 통과되었지
만 상원에서는 부결되었다. 이후 1911년부터 1912년까지 여러 번 조율하
며 재심사한 끝에 상원을 통괄할 수 있었다. 수리 종합 발전 계획은 아이다
호 주의 애로우락 댐, 콜로라도 강의 후버 댐, 콜롬비아 강의 그랜드쿨리
댐, 테네시 강 유역 관리 사업의 구체적인 계획을 세우는데 든든한 기반이
되었다. 특히 테네시 강 유역의 관리 사업은 미국이 이 지역을 균형적으로
개발하겠다는 강한 의지를 갖고 있었다. 재미있는 것은 이 실험을 성사시

키고 실행한 사람이 바로 또 다른 루스벨트 대통령, 즉 프랭클린 루스벨트라는 사실이다.

1929년 미국은 주가 폭락을 계기로 경제 대공황 사태를 맞게 되었다. 프랭클린 루스벨트 대통령은 1933년 미국 경제를 살리기 위해 뉴딜 정책을 펼쳤다. 그는 테네시 강 유역 관리국을 설립해 테네시 강 유역을 종합적으로 수리 관리하고 홍수 방지, 발전, 수자원 공급, 양식, 관광 등 종합적인 수리 네트워크를 구축하겠다고 선언했다.

1933년 5월, 미국 의회는 '연방 긴급 구제법'을 통과시켜 홉킨스를 위시로 한 '연방 긴급 구제처'를 설립하고, 1934년 말까지 약 200만여 가정이 구제를 받았다. 이와 동시에 공공사업을 추진해 실업자들을 구제하는 방안도 실행했다. 공공사업부 등의 기구를 신설하고 공공사업 프로젝트를 관리해 더 많은 실업자들이 사업에 참여할 수 있도록 이끌었는데 이중 가장 큰 사업이 바로 테네시 강 유역 수리 사업이었다.

뉴딜 정책은 내수 확대를 위해 공공 인프라 건설을 추진하는 것으로, 미국 역사상 가장 규모가 큰 강 유역 개발 정책이었다. 테네시 강 유역을 시범 지역으로 선정하고 새롭고 독특한 관리 모델을 통해 강 유역 내 자연 자원을 종합적으로 개발하고 역내 경제를 발전시키는 것을 목표로 했다. 당시 테네시 강 유역은 오랫동안 방치되어 삼림이 파괴되고 수토 유실이 심각했으며 잦은 폭우로 재해가 많이 발생했다. 이곳은 미국 내에서 가장 빈곤하고 낙후된 지역이었으며 일인당 연평균 소득이 100달러로 미국 평균의 45퍼센트밖에 되지 않았다. 심지어 대다수 주민들은 전기도 사용할 수 없었다.

1933년에 신설된 '테네시 유역 사업 관리국'은 미국 정부가 제공한 자금으로 대량의 실업자들을 고용해 대형 수력발전소와 해운 교통 시스템을 구축함으로써 산업 및 농업의 발전을 이끌었다. 루스벨트 정부는 공공사업에 실업자를 투입하여 실업 문제를 해소했을 뿐만 아니라 도로, 공항, 전력, 댐 건설 등에서 단기 및 장기적인 효과를 거두었다. 또한 여러 해 동안 이 정책을 추진하여 테네시 강 유역을 개발하고 관리하는데 큰 성과를 거두어 강 유역 관리의 성공적인 사례로 세계의 주목을 끌었다.

사람들의 논란 속에서 탄생한 테네시 유역 사업 관리국은 1,600킬로미터가 넘는 거센 물길을 잡아 황량한 불모지를 비옥한 땅으로 바꾸고 각 가정에 전력을 공급하는 등 낙후된 지역을 성공적으로 개발하고 관리하는 큰 성과를 거두었다.

멤피스는 테네시 주 남서쪽, 미시시피 강 동쪽에 위치한 큰 항구 도시다. 테네시 주에서 가장 큰 이 도시는 1819년에 세워졌으며 흑인이 도시 인구의 절반을 차지하고 있다. 1541년, 스페인 사람들이 이곳에 도착하여 미시시피 강을 발견하면서 이 지역은 내륙으로 모험을 떠나는 베이스캠프가 되었다.

멤피스는 1797년에 미국 영토로 편입되면서 점차 미시시피 강 삼각주의 중심 지역으로 발전했다. 미국 남부 도시인 멤피스는 역사적으로 서부 이민자들이 모이는 장소가 되기도 했다. 이 때문에 멤피스는 테네시 문화의 중심지였고, 미국 대중문화의 축소판이기도 했다. 하지만 역사책을 살펴볼 때면 이 도시에 어두운 기억이 있었음을 종종 발견하게 된다. 이 기억에는 위대한 이름이 빛나고 있다.

1968년 4월 4일 오후 6시, 멤피스 시 로레인 모텔 306호 베란다에서 한 여행객이 저녁식사를 하며 휴식을 취하고 있을 때 맞은 편에서 갑자기 총성

미시시피 강변에 위치한 항구 도시 멤피스는 테네시 주의 가장 큰 도시다.
1968년 4월 4일에 마틴 루터 킹 주니어가 멤피스에서 암살되었고,
1977년 8월 16일에는 엘비스 프레슬리가 사망한 도시로 알려져 유명세를 탔다.

이 울렸다. 곧이어 중년 흑인 남성이 자신의 목을 부여잡고 천천히 바닥으로 쓰러졌다. 몇 분 후 구급차가 달려왔지만 사태는 돌이킬 수 없었다. 7시 5분, 의사는 대동맥 혈관이 파열되고 목 경추가 부러져 피해자의 심장이 멈췄다고 선고했다. 이 소식이 전해지자 전 세계가 충격에 휩싸였다. 이 사람이 바로 위대한 흑인 인권운동가 마틴 루터 킹(1929~1968)이었다.

위 대 한   꿈

인권을 최고의 가치로 여기는 미국도 흑인 차별이라는 감추고 싶은 역사가 있다. 1860년대 미국 남북전쟁이 끝난 후 링컨이 주창한 노예 해방운동 덕분에 흑인들의 처지는 다소 개선되는 듯했다. 하지만 미국 사회에 뿌리 깊게 자리 잡은 인종주의가 활개를 치면서 흑인 문제는 근본적인 해결책을 찾지 못하고 있었다. 100년이 지났지만 미국의 여러 주에서는 여전히 인종분리정책을 실시하고 있고, 이 정책 때문에 흑인들은 백인과 동등한 사회적 권리를 누리지 못할 뿐만 아니라 억압과 차별을 받아야만 했다. 이 문

제는 암세포처럼 미국 사회를 갉아먹었고 흑인과 백인 사이의 갈등의 골은 깊어만 갔다. 이런 시대적 배경 속에서 미국의 위대한 흑인 인권운동가인 마틴 루터 킹이 등장했다.

마틴 루터 킹은 조지아 주 애틀랜타의 한 목사 가정에서 태어났다. 그의 집안은 당시 흑인들 중에서 중산층에 속했다. 덕분에 그는 어렸을 적부터 좋은 교육과 체계적인 신학 교육을 받았다. 영특했던 킹은 열다섯 살에 우수한 성적으로 두 학년이나 월반했으며, 고등학교를 졸업한 후에는 모어 하우스 대학교에 입학하여 학장이었던 메이스 박사의 총애를 한 몸에 받았다. 당시 미국은 전후 경제 발전이 최고조에 이른 시기였지만, 전쟁 기간 동안 민주주의를 지키는 데 힘썼던 흑인들은 여전히 경제적, 정치적으로 차별과 억압을 받고 있었다. 이런 참혹한 현실 앞에서 열일곱 살의 킹은 사회 평등과 정의를 위해 목사가 되기로 결심했다. 그는 1949년 크로저 신학교에 진학하여 1951년 신학 학사 학위를 받았다. 그 후 다시 보스턴 대학교에 진학해 종교학과 교리 신학을 연구하여 신학 박사 학위를 받았다. 킹은 대학교에서 플라톤, 루소, 마르크스, 레닌, 간디 등의 사상을 접하고 연구하면서 자신만의 이론 기반을 다졌다. 특히 신앙인의 존엄과 가치, 기독교의 보편적 사랑, 간디의 비폭력 정신은 그의 사상적 기반과 행동 준칙이 되었다. 마틴 루터 킹은 남자든 여자든, 흑인이든 백인이든, 부자든 거지든, 이 세상에 태어난 사람은 누구나 평등하다고 여겼다. 그는 모든 사람, 심지어 적까지도 사랑하라는 공평한 사랑, 보편적 사랑을 주장했다. 이런 사상을 기반으로 삼은 킹은 미국의 인종 차별을 극도로 혐오하면서 직접 행동함으로써 상황을 변화시키겠다고 결심했다.

1955년, 마틴 루터 킹은 스물여섯 살에 몽고메리에서 덱스터 애버뉴 침

레교회의 목사가 되었다. 이때 미국 역사상 가장 큰 반향을 불러일으킨 사건이 몽고메리에서 발생했다. 1955년 12월, 로자 팍스라는 42세의 흑인 여성이 시내버스를 타고 가던 중 백인 남자에게 자리를 양보하라는 버스 운전사의 지시를 거부한 사건이었다. '백인전용좌석무단점용'이라는 죄목으로 경찰에 체포된 그녀는 14일 징역형 혹은 14달러 벌금형이라는 판결을 받았다. 이 소식이 전해지자마자 흑인 사회는 즉시 항의 시위운동을 펼쳤다. 마틴 루터 킹과 몇몇 흑인 지도자들은 '몽고메리 개선협회'를 조직하여 약 5만 명에 이르는 흑인들과 대규모의 버스 보이콧운동을 펼쳤다. 이것은 10여 년간 지속되었던 흑인 인권운동의 서막이었다.

킹은 모든 운동을 이끄는 지도자로 성장해나갔다. 버스 보이콧운동은 1년간 지속되었고 그 결과 버스 회사는 경제적으로 심각한 손실을 입었다. 1956년, 미국 최고 법원은 기세를 더해가는 인권운동의 압박에 굴복해 지방 운송 수단에 적용하던 좌석분리정책을 철폐하고 버스에 적용하던 인종분리제도가 위헌이라고 판결했다. 이는 마틴 루터 킹을 비롯한 지도자들

로자 팍스(1913~2005년)   미국 흑인 인권운동에 처음으로 불을 지핀 여인. 1913년 앨라배마 주 터스키지에서 태어났다. 1955년 12월 1일, 몽고메리의 한 상점에서 재봉 일을 마친 로자 팍스는 버스를 타고 집으로 돌아가던 길에 백인에게 자리를 양보하라는 운전사의 지시를 거부해 체포당했다. 로자 팍스의 체포 사건이 대규모 흑인 인권운동으로 번지리라고는 어느 누구도 예상하지 못했다. 로자 팍스는 흑인뿐만 아니라 백인에게서도 큰 사랑을 받았다. 흑인 권리획득운동을 통해 미국의 사회정의와 공정성을 실현했을 뿐만 아니라 모든 미국 국민에게 평등하고 서로 포용하는 생활환경을 조성해주었기 때문이다.

미국 인권운동   '평등인권운동'이라고도 불린다. 1950년대부터 1960년대까지 미국 국민들이 인종차별에 대항해 평등한 권리를 쟁취하기 위해 벌인 사회 운동을 말한다. 이 위대한 운동은 미국 사회의 모습과 미국인의 사상을 완전히 바꾸어 놓았고 이에 따라 미국은 진정으로 자유와 평등이 넘치는 위대한 국가로 거듭날 수 있었다. 이 모든 운동은 마틴 루터 킹 목사가 없었다면 불가능한 일이었다.

1 흑인 목사 마틴 루터 킹. 어렸을 적부터 경찰의 인종 차별에 항의하는
아버지의 모습을 보면서 옳지 않은 것을 보면 굴종하거나 침묵하지 말고,
정당하게 항의해야 한다는 깨달음을 얻은 그는 젊은 시절부터
적극적으로 흑인 인권운동에 참여했다.
2 로자 팍스는 백인에게 자리를 양보하라는 지시를 거부해
몽고메리 경찰에게 체포당했고, 이 일로 인해 흑인 인권운동이 촉발되었다.
3 로자 팍스 사건이 발생한 후 마틴 루터 킹은 흑인들이 행동에 나서서
자신의 권리를 직접 쟁취해야 한다고 호소했다.
4 마틴 루터 킹은 평화 투쟁을 호소했다. 기독교의 보편적 사랑과 간디의
비폭력 정신은 그의 사상적 기반과 행동 준칙이 되었다.
그는 간디를 자신의 역할 모델로 삼았다.

의 지휘 아래 미국 흑인들이 자신들의 힘만으로 얻은 첫 승리였다.

몽고메리를 시작으로 인종 평등과 공민 권리를 얻기 위한 흑인들의 투쟁이 전국으로 확대되었다. 이들은 인권운동을 효과적으로 추진하기 위해 조직을 통일하고 체계를 정립해야 했다. 이에 1957년 1월 초, 60명의 흑인 목사들이 애틀랜타에 모여 '남부기독교지도자연합회'를 조직했다. 그리고 당시 유명세를 타고 있던 마틴 루터 킹을 연합회 회장으로 추대했다. 킹은 정의와 평화를 위해 미국 각 도시를 오가며 동참을 호소했다. 그는 폭력을 사용하지 않고 권익을 획득해야 한다고 주장했다. 많은 곳에 사각지대가 있다고 하더라도 국가의 건국이념인 인도주의와 자유를 지켜야 하며 결국엔 정의의 목소리가 승리할 것이라 여겼다. 그의 지도로 인권운동은 눈부신 성과를 거두었다.

1960년 1월 31일, 노스캐롤라이나 주 그린즈버러에서 한 흑인 대학생이 상점에서 술을 사려고 하자 주인이 "우리는 흑인에게 서비스하지 않는다."라는 이유로 판매를 거부했다. 그러자 마틴 루터 킹은 연좌시위를 이끌었다. 흑인에게 서비스를 제공하지 않는 상점에 조용히 들어가 예의를 갖추고 제대로 된 서비스를 제공하기를 요구해도 모른 척할 경우 떠나지 않는 시위 방법이었다. 그 결과 2개월도 안 되어 전미 남부 50여 개 도시에서 연좌시위가 진행되었다.

시위 도중 많은 흑인 참가자들이 맞아도 반격하지 않고 욕을 들어도 못 들은 척하며 옷과 머리를 단정하게 정돈하고 가장 엄숙한 눈빛으로 서비스를 요구했다. 그래도 제대로 된 서비스를 제공하지 않으면 그 자리에 앉아서 책을 읽었다. 아무리 조롱과 비웃음과 모욕을 당해도 전혀 굴하지 않았다. 시위 초기에는 많은 사람들이 잡혀 갔는데 이때도 킹은 "감옥을 가득

채우자"라는 구호를 외쳤다. 이런 흑인들의 노력으로 1960년과 1961년에 남부의 몇몇 상점들이 인종분리제도를 철폐했다.

1963년, 킹은 흑인의 자유와 일자리를 요구하며 인권운동 지도자들과 함께 "수도 워싱턴으로 진군하자"는 운동을 펼쳤다. 그는 전 세계 모든 사람들이 미국의 인종분리문제에 대해 관심을 가지길 원했다. 1963년 8월 28일, 워싱턴 광장에 있는 링컨 기념관 앞에서 열린 대규모 집회에서 킹은 "나에게는 꿈이 있습니다"라는 세계적인 명연설을 했다. 이 연설에서 킹은 사람들에게 자신이 꿈꾸는 미국에 대해 말했다.

"나에게는 꿈이 하나 있습니다. 언젠가 이 나라가 진정으로 나라의 이념을 실천하는 날이 오기를 바랍니다. 나는 모든 사람은 태어날 때부터 평등하다는 불변의 진리를 믿습니다. 나에게는 꿈이 있습니다. 언젠가 조지아주 붉은 토지에서 노예의 후손과 노예주의 후손들이 함께 손을 맞잡고 격의 없이 지낼 수 있는 날이 오길 바랍니다. 나에게는 꿈이 있습니다. 언젠가 ……."

그의 연설은 세계적으로 큰 반향을 불러일으켰다. 그날 존 F. 케네디 (1917~1963, 35대, 재임 1961~1963) 대통령이 그를 백악관으로 초대했다. 1964년 마틴 루터 킹은 인권운동의 공헌과 국제적인 명성으로 노벨 평화상을 수상했다. 그때 그의 나이 겨우 서른다섯이었고 최연소 노벨상 수상자로 '세계 유색 인종의 모범'이라는 명예를 얻었다. 오슬로에서 거행된

노벨 평화상   노벨상 중의 하나. 알프레드 노벨이 전년도에 '인류에게 가장 큰 이익을 가져다 준 사람'에게 상을 수여하라는 유서를 남겼다. 그중에는 '국가 간 우호 증진과 군대 규모를 줄이거나 평화 회의를 개최하는데 공헌한 사람'도 포함된다.

1 2 3
4 5 6

1 워싱턴 광장에 있는 링컨 기념관 앞에서 열린 대규모 집회에서
  마틴 루터 킹은 "나에게는 꿈이 있습니다"라는 세계적인 명연설을 남겼다.

2 마틴 루터 킹의 연설은 큰 성공을 거두었고 전 세계적으로 큰 반향을 불러일으켰다.
  케네디 대통령이 그를 백악관으로 초대했다.

3 흑인 인권운동의 공훈으로 마틴 루터 킹은 미국인뿐만 아니라
  전 세계인의 존경과 사랑을 한 몸에 받았다.

4 끊임없는 투쟁으로 마틴 루터 킹 목사는 경찰에 체포되고
  여러 번 감옥에 갇히기도 했지만 그의 의지는 결코 꺾이지 않았다.

5 마틴 루터 킹의 흑인 인권운동은 미국 내의 흑인뿐만 아니라
  백인, 전 세계 각계각층 인사들의 지지를 얻어냈다.

6 마틴 루터 킹의 인권운동은 1964년 노벨 평화상 수상으로 이어졌다.
  하지만 그의 전 세계적인 명성은 극단주의자들에게는 눈엣가시가 되었다.

수상식에서 그는 또다시 많은 유럽인들의 마음을 움직였다.

"우리는 지금 멀고 험한 길을 가고 있습니다. 하지만 저는 끊임없이 나아가고 있다는 사실이 중요하다고 생각합니다. …… 언젠가 지구상의 모든 사람들이 평화롭게 공존하고, 우주의 슬픔이 우정과 사랑의 시로 바뀔 것입니다."

그의 말처럼 마틴 루터 킹이 가고자 하는 길은 멀고도 험난했다. 남부에서 인종분리와 차별은 여전히 존재했다. 현 상황을 유지하기 위해 주 정부는 각종 방식으로 시위를 억압했다. 킹도 여러 차례 박해를 받았고, 온갖 죄목으로 14번이나 수감되었다. 남부의 거의 모든 감옥에 다 갇혀본 셈이다. 하지만 그 무엇도 킹의 투쟁을 잠재우지 못했고 흑인들의 빈손이 온몸을 무장한 군경들에 대항할 수 있다는 신념도 흔들리지 않았다. 그는 백인들이 던지는 돌과 온갖 욕설을 한 몸에 받으며 전진했다. 이 운동의 영향으로 백인을 포함한 미국 사회 각계각층이 인종 평등을 실현하고 차별을 없애야 한다고 강력하게 주장하기 시작했다. 미국 의회는 압박을 견디지 못하고 1964년에 민권 법안을 통과시켰고, 곧이어 연방정부는 공공 숙식 부분에서 인종분리를 철폐하고 공공 설비와 취업 부분에서 인종 차별이 불법이라고 선언하기에 이르렀다. 이 역사적인 순간을 기념하기 위해서 린든 존슨(1908~1973년, 36대, 1963~1969) 전 대통령이 마틴 루터 킹에게 만년필을 선물했다.

하지만 킹은 자신의 꿈을 실현하기 위해 계속해서 노력했으며 이와 함께 그를 겨냥한 암살 음모도 진행되었다. 1968년 4월 4일에 킹이 멤피스의 작은 모텔에 머무를 때 단 한 발의 총알로 이 위대한 인권 지도자가 영원히 우리 곁을 떠났다.

멤피스의 총성

1968년, 마틴 루터 킹은 동등한 대우와 동등한 임금을 요구하는 노동자들의 파업을 지지하기 위해 그의 추종자들과 함께 테네시 주 멤피스로 갔다. 그들은 로레인 모텔 306호실에 묵었다. 4월 4일 오후 6시, 킹이 비서 몇 명과 베란다에서 저녁을 먹고 있을 때 맞은 편에서 갑자기 총성이 들려왔다. 곧이어 킹이 바닥으로 쓰러졌고 7시 5분, 의사가 심장이 멈췄다고 선고했다. 마틴 루터 킹은 서른아홉 살의 나이로 이렇게 세상을 떠났다. 1964년에 케네디 대통령이 암살당했을 때 킹은 아내에게 이런 말을 한 적이 있었다. "나에게도 똑같은 일이 일어날 거요. 내가 말했잖소, 이 사회는 병들었다고."

1968년의 사건이 자신을 덮칠 거라는 예감이 든 킹은 연설 중에 이런 말을 남겼다. "사람들은 병든 백인 형제들이 나에게 무슨 짓을 할 거라 걱정하고 있습니다. 저는 무슨 일이 벌어질지 알지 못합니다. 다른 사람들과 마찬가지로 저 역시 오래 살고 싶습니다. 자유로운 곳에서 오래 살고 싶습니다. 하지만 죽음도 나와 대적하지는 못할 것입니다."

킹이 죽은 후 미국 사회는 일순간 혼란에 빠졌다. 분노한 흑인들이 여러 도시에서 폭동을 일으켜 수백 명의 사람들이 다쳤고 2만여 명의 사람들이 감옥에 갇혔다. 한때 눈부시게 빛나던 인권 운동은 잠시 사라지는 듯했고 이 때문에 사람들은 마틴 루터 킹의 가치를 더욱 뼈저리게 느꼈다. 킹이 죽은 후 미국 정부는 그를 기리기 위해 그의 생일을 미국 연방 국경일로 정했다. 역사상 이런 대우를 받은 사람은 킹과 미국의 국부 조지 워싱턴, 단 두 사람밖에 없다.

킹이 암살당한 후 분노한 사람들은 미국 사법부와 FBI에 하루빨리 사건

1 2

1 테네시 주 멤피스. 마틴 루터 킹 목사가 암살을 당한 곳으로 더욱 유명해졌다.
2 마틴 루터 킹이 암살당한 후에 사람들은 그를 기념하기 위해 곳곳에 무덤과 조각상을 세웠다.

의 진상을 밝혀 범인을 잡으라고 강력하게 요구했다. 여론의 압박에 밀려 미국 경찰과 FBI 특수 요원이 조사를 진행했다. 4월 5일 새벽에 FBI가 사건을 해결할 단서를 포착했다고 발표했다.

조사 결과는 로레인 모텔 맞은편에 있는 임대 아파트에서 총성이 난 것으로 밝혀졌다. 임대 아파트에 사는 브루어 부인의 진술을 토대로 4월 4일 오후 3시 15분에 변장을 한 청년이 존 윌러드라는 가명으로 로레인 모텔과 마주하고 있는 2층 창가 방을 1주일 동안 빌렸으며, 암살 당일 저녁 6시 이후 실종되었다는 사실을 알아냈다. 또 다른 임시 거주자 역시 총성이 들린 후 어떤 사람이 손에 뭔가를 들고 2층 욕실에서 서둘러 떠나는 모습을 봤

미국 연방수사국(Federal Bureau of Investigation, FBI)　미국 법무부 산하의 수사 기관으로서 범죄 수사와 미국 내의 정보 수집 업무를 담당한다. 미국에서 가장 먼저 설립된 현대식 정보 경찰 조직인데, 세계에서 가장 선진화된 범죄 수사 해결 능력을 보유하고 있다. FBI의 전신은 1908년 시어도어 루스벨트 대통령의 집정 시기에 설립된 특공부대로 법무부 검찰국으로 발족했다. 그 후 몇 번이나 명칭을 변경했다가 1935년부터 연방수사국(FBI)으로 바꾼 뒤에 지금까지 사용하고 있다.

다고 말했다. 이 거주자는 그 사람의 인상착의를 기억하고 있었고, FBI는 그의 진술을 토대로 범인의 초상화를 제작했다. 얼마 후 아파트 부근의 오락실 사장 역시 총성이 들린 다음에 짙은 색 옷을 입은 사람이 가방을 버린 후 하얀 쉘비 자동차를 타고 사라졌다고 증언했다.

단서를 좇아 경찰은 근처에서 버려진 여행 가방을 찾았다. 그 안에는 옷과 망원경, 레밍턴 사의 760형 사냥총 등이 있었다. 4월 8일, 경찰은 레밍턴 사의 총을 구매한 사람은 에릭 골트로 앨라배마 주 버밍엄의 해공 군수 회사 상점에서 산 것이라고 밝혔다. 총을 구입한 시기는 1968년 3월 30일이며 존 윌러드와 인상착의가 비슷했다. 4월 20일에 FBI는 총에서 지문을 추출해 검사한 결과 4월 4일 브루어 부인의 아파트에 세 든 존 윌러드와 3월 30일 레밍턴 총을 산 에릭 골트가 동일 인물이라고 발표했다. 그리고 이 범인의 실제 이름은 제임스 얼 레이로 밝혀졌다.

진 실 은　　무 엇 일 까 ?

제임스 얼 레이는 1928년 일리노이 주 올턴에서 태어났다. 1946년 군에 입대한 그는 독일 연방에서 복역한 후 원래 기간보다 일찍 제대했다. 군에서 제대한 후 실업자 신세를 면치 못했던 그는 절도나 강도 등으로 48년형을 선고받았다. 1967년 4월에는 미주리 주립 교도소를 탈옥했지만 1년도안 돼서 마틴 루터 킹 목사를 죽이는 큰 범죄를 저질렀다. 그러고는 무사히 도망치는 듯했으나 1968년 6월 8일 런던의 찰스 히드로 공항 대기실에서 FBI에게 잡히고 말았다. 당시 FBI는 그를 잡기 위해 140만 달러의 자금과 3,014명의 인원을 투입했다.

제임스 얼 레이의 살해 동기는 무엇이었을까? 사람들은 의문을 떨쳐버릴 수 없었다. 그가 범인으로 잡히기는 했지만 절도와 강도 등의 범죄를 저질렀을 뿐 다른 사람을 해친 기록은 없었다. FBI는 대중이 납득할 수 있도록 몇 가지 단서를 제공했다. 1955년에 레이는 캔자스 주 포트 리븐워스 연방 감옥에서 아너 감옥으로 이감될 예정이었으나 인종분리제도가 시행되지 않는다는 이유로 이를 거부했다고 한다. 이후 미주리 주 감옥에서는 동료 죄수에게 이 감옥에 있는 흑인을 모두 죽여야 한다고 말했고, 만약 현상금만 두둑하다면 마틴 루터 킹 목사를 죽일 수도 있다고 말했다는 것이다. 조사 요원들은 레이는 극단적인 인종분리주의자이며 흑인에 대한 원한으로 킹 목사를 암살했다고 결론 내렸다. FBI 역시 인권운동이 사회전복운동이라고 생각했던 레이가 킹 목사를 이 세계에서 없애는 일이 자신의 의무라고 확신했다고 판단했다.

하지만 FBI의 분석은 처음부터 의심을 낳았다. 멍청한 범죄자라고 기록되어 있는 레이가 어떻게 암살 후에 경찰들의 포위망을 뚫고 도망칠 수 있었을까? 게다가 그는 여러 개의 가명을 사용했고 가명이 들통 나지 않도록 위조한 신분증으로 세계 각지를 돌아다니기까지 했다. 이런 모든 레이의 행동들이 의심을 자아냈다. 도대체 진실은 무엇일까?

암 살 미 스 터 리

1968년 10월 말 제임스 얼 레이에 대한 재판이 열리기 전날에 「프로스펙트」 잡지에 윌리엄 휴이가 쓴 글이 실렸다. 이 글은 마틴 루터 킹 암살 사건의 내막을 파헤치는 글로 예고돼 많은 독자들의 관심을 불러일으켰다.

윌리엄 휴이는 레이에게 4만 7천 달러를 지불한 뒤에 그의 진술을 바탕으로 이 글을 썼다고 밝혔다.

레이는 1967년 탈옥한 후에 라울이라는 쿠바인을 만났다. 라울은 자신이 알려준 몇 가지 임무만 제대로 수행하면 큰돈을 주겠다며 레이를 끌어들였다. 그래서 라울의 명령대로 운전면허증을 취득하고 2,000달러로 쉘비 자동차를 산 후 마지막으로 몽고메리로 가서 레밍턴 총을 샀다. 그리고 1968년 4월 4일에 쉘비를 몰고 멤피스로 진입했다. 그는 라울의 명령에 따라 브루어 부인의 임대 아파트 5호실을 빌렸다. 이 방은 욕실 근처에 있었고 욕실 창문에서 로레인 모텔의 베란다가 잘 보였다. 더군다나 306호 방이 정면으로 보였다.

첫 번째 글은 여기에서 끝났기 때문에 사람들의 흥미를 부풀리기에 충분했다. 원래 경영 상태가 좋지 않았던 「프로스펙트」는 이 글의 연재 덕분에 발행 부수가 100만 부를 넘어섰다. 하지만 세 번째 글이 발표되기 전에 예상하지 못했던 사건이 발생했다. 「프로스펙트」가 이 글의 연재를 중단한다고 발표한 것이다. 원래 계획대로라면 킹이 어떻게 피살당했는지 밝혀야 하는데 중단 사태는 이해하기 힘든 행동이었다. 기자들이 윌리엄 휴이를 찾아가 글을 발표하지 않는 이유를 물었지만 그는 묵묵부답으로 일관했다. 나중에는 아예 킹 목사의 암살 사건은 레이의 단독 범행이며 라울의 이야기는 레이가 꾸며낸 것이라 생각한다고 밝혔다. 하지만 휴이의 주장에는 허점이 많았다. 갑자기 자신의 주장을 뒤엎은 휴이의 행동은 비상식적이었다. 그렇다면 누군가 사건의 전모를 뒤엎으라고 휴이에게 압력을 행사했다는 결론을 내릴 수밖에 없다. 누가 이런 압력을 행사했을까?

현재 로레인 모텔은 박물관으로 개조되어
관광객들의 발길이 끊이지 않고 있다.
이 작은 모텔 근처에서 도대체
무슨 일이 벌어졌던 것일까?
아직도 그 궁금증은 풀리지 않고 있다.

　휴이의 세 번째 글은 발표되지는 않았지만 완성된 원고를 편집부의 몇몇 사람들이 읽고는 이들을 통해서 글의 내용이 세상에 떠돌아다니게 되었다. 레이가 로레인 모텔 맞은편 임대 아파트에 방을 빌린 후 라울이 찾아왔다. 레이는 라울의 명령대로 아래층으로 내려갔는데 총성이 들리더니 라울이 다급히 쉘비 앞으로 달려왔다. 차를 몰고 가던 도중에 라울이 총을 버렸고 뒷좌석에 누워서 담요로 몸을 완전히 가렸다. 레이가 멤피스 북부 지역까지 쉘비를 몰고 가자 라울은 차에서 내려 사라졌다.

　이제 이 일의 진상을 제대로 이해하기 위해서는 레이의 재판을 지켜보는 일만 남았다.

도 대 체　누 가　주 동 자 인 가 ?

마틴 루터 킹이 죽은 지 반년이 지난 11월 12일 멤피스법원은 제임스 얼 레이의 재판을 정식으로 열겠다고 결정했다. 하지만 또다시 의외의 사건이 터졌다. 재판이 열리기 하루 전날 밤에 레이가 갑자기 변호사를 바꾸겠

181

다고 결정한 것이다. 이에 대해 멤피스 사법부는 레이가 혼자서 내린 결정이며 그 누구도 압력을 행사하지 않았다고 밝혔다. 하지만 사람들은 이 사태에 대해 의심의 눈초리를 거두지 않았다. 새로운 변호사가 제대로 변호하려면 재판이 열리기 전에 자료를 숙지해야 하고 또 자료를 심사한 후에 직접 결론을 내야 하는데 그러려면 많은 시간이 필요하기 때문이다. 또한 레이가 선택한 새로운 변호사는 유명세를 떨치던 펄시 포먼이었다. 이 변호사의 선임비는 어떻게 구했을까?

여러 번 재판이 연기된 끝에 1969년 3월 10일로 재판 날짜가 최종 확정되었다. 하지만 또다시 알 수 없는 사건이 발생했다. 개정 하루 전날에 멤피스 사법부가 검찰과 피고가 합의를 했다고 발표한 것이다. 레이는 자신의 죄를 인정한 대가로 전기의자형이 아니라 99년형을 선고받았다. 둘째 날 재판 과정에서 검찰이 레이의 단독 범행이고 자발적으로 죄를 인정한 피고의 협조적인 태도를 높이 사서 전기의자형 대신 99년형에 동의했다고 밝혔다. 배심원들도 만장일치로 99년형에 동의했는데 의심스러운 것은 레이가 감옥에 갇힌 후 29년 동안 8번이나 상소를 했다는 점이다. 그는 협박과 회유로 죄를 인정했을 뿐이니 사건을 재심사해 달라고 요청했다. 하지만 당국은 들은 척도 하지 않았고 결국 레이는 감옥에서 병으로 사망했다.

레이의 재판은 대충 끝났지만 모든 사람들이 사건의 진상과 재판 상황에 대해 의심을 품었다. 특히 마틴 루터 킹의 가족들은 법원의 판결에 강한 불만을 가지고 있었는데, 그들은 킹을 죽인 범인이 한 명이 아니라고 주장했다. 킹의 부인인 코레타 킹은 재판 소식을 듣고 이렇게 말했다. "죄를 인정했다고 범죄 과정을 덮을 수 없으며 또한 죄를 인정했다고 해서 누군가가 방아쇠를 당기도록 사주한 일에 대하여 조사를 멈출 수도 없다. 이 암살 사

1 마틴 루터 킹의 암살 사건에 대해 사람들이 항의 시위를 벌이던 모습.
그가 암살당한 후에 미국 정부는 철저하게 진상을 규명하지 않았다.
2 당시 대통령인 린든 존슨. 평소 흑인에 대한 차별을 없애야 한다고 주장하며,
인권운동 결의서를 세우기까지 했던 존슨 역시 국민들에게 명확한 답을 제시하지 않았다.

건에 대해 조금이라도 마음이 아팠던 사람들은 테네시 주와 연방 정부에 이 범죄에 가담한 모든 사람을 잡을 때까지 계속해서 조사하도록 요구해야 한다."

여론의 뭇매를 견디다 못해 암살 사건이 발생한 지 10년이 지난 1978년, 미국 의회는 특별 조사를 명했다. 관련 자료만 10만 페이지가 넘고 총 보고서도 800페이지에 달했다. 결국 의회는 이 사건의 새로운 결론을 도출했지만 구체적으로 누가 가담했는지 끝까지 밝혀내지는 못했다. 하지만 미국 정부는 의회의 결론 역시 받아들이지 않았다.

1986년 8월 1일, 감옥에 있던 레이가 한 기자와 세 시간 가량 면담을 가졌다. 레이는 자신을 FBI의 희생양일 뿐이라고 말했다고 기자가 전했다. 내막을 알고 있던 FBI의 전前특수요원 아더 마르타 역시 진상을 털어놓았다. 당시 FBI 국장인 후버가 마틴 루터 킹을 없애기를 간절히 원했다는 것이다. 1995년에는 페퍼라는 미국인이 장장 20년에 걸친 조사 끝에 마피

아, FBI, CIA, 군 관계자 모두가 킹을 암살할 음모를 세웠다는 것을 알아 냈다고 주장했다.

1990년대 이후 여러 사람이 킹의 암살과 관련된 증거를 내놨고, 저마다 파괴력이 큰 주장을 제시했다. 그럴 때마다 사람들의 관심이 집중되었다. 1993년에 멤피스의 한 식당의 주인인 로이드가 TV에 등장해 그가 마틴 루터 킹 암살의 배후이며 어떤 사람이 그에게 10만 달러를 줬다고 말했다. 로이드는 1968년 4월 4일 킹을 암살한 당일 상황을 자세하게 설명했다. 그는 사격 각도가 좋은 방을 잡고 멤피스에서 사격 능력이 뛰어난 경찰을 고용했다고 밝혔다. 각계각층의 강력한 요구에 굴복해 멤피스 지방법원은 마틴 루터 킹의 유족이 로이드에게 건 민사 소송 건을 심리했다. 흑인 6명, 백인 6명으로 구성된 배심원단은 일흔셋 살의 로이드가 멤피스 경찰을 고용해서 킹을 죽였다고 최종 판결을 내렸다.

하지만 1998년 8월 26일에 미국 사법부 장관이 이 사건을 재조사하도록 명령했다. 18개월 동안 조사한 끝에 사법부는 증거불충분으로 로이드에 관한 이전 판결을 뒤집었다. 사법부의 조사 결과에 대해 킹의 유족들은 받아들일 수 없다는 입장을 표명했다. 레이의 동생 제리는 인터뷰 때마다 "킹의 유족들은 우리 형이 죄가 없다는 것을 잘 알고 있다. 대다수의 미국인도 그렇게 생각할 것이다."라고 말했다.

얼마 후 새로운 상황이 발생했다. 1999년 미국 배심원단은 킹의 죽음에는 깜짝 놀랄 만한 음모가 숨어 있으며 단독범행이 아니라는 판결을 내렸다. 그들은 이 암살 사건은 매우 복잡하기 때문에 한 사람이 벌였다고 생각하기 어렵고 누군가가 사전에 음모를 꾸몄다고 주장했다.

2002년 4월, 미국 플로리다 주의 한 목사는 「뉴욕타임스」에 1990년에 죽은 자신의 아버지가 킹을 죽인 범인이라고 고백하기도 했다. 윌슨이라는 이 목사는 자신의 아버지가 3명으로 구성된 조직의 리더였는데 이 조직이 킹을 암살했다고 주장했다. 그의 아버지는 인종분리주의자는 아니었지만 킹이 공산주의자와 관련이 있다고 생각해서 그를 없애야 한다고 주장했다는 것이다. 윌슨은 그의 아버지가 조국을 사랑하는 사람이라면 나라의 미래를 위해서 반드시 킹을 죽여야 하며, 이 일은 자신의 의무라고 말했다고 밝혔다.

이 소식에 세계가 또다시 깜짝 놀랐지만, 윌슨은 자신의 주장을 뒷받침할 만한 그 어떤 증거도 제시하지 못했다. 이런 상황에서 FBI가 윌슨과 접촉을 시도했지만 킹의 암살과 관련된 상황이 매우 복잡해 일의 진상을 밝히기는 어려웠다.

세기의 우상
엘비스 프레슬리

멤피스에는 매년 수천만 명의 사람들이 세계 각지에서 그레이스 랜드를 구경하기 위해 모여든다. 바로 로큰롤의 황제, 엘비스 프레슬리(1935~1977)가 살았던 집이기 때문이다.

20세기 음악가 중에서 가장 영향력이 있는 인물이 누구냐는 질문을 받게 된다면 우리는 한결같이 엘비스 프레슬리라고 대답할 것이다. 1950년대에 엘비스 프레슬리의 음악은 전 세계를 풍미했다. 그의 음악은 인종과 문화의 경계를 넘어 컨트리, 브루스, 로큰롤을 하나로 융합해 개성 넘치는 독특한 스타일을 창조했으며 당시 대중음악계를 강타했다. 이와 더불어

로큰롤 1950년 초 미국의 대중음악 시장은 리듬 앤드 블루스, 틴 팬 앨리, 컨트리가 주류를 이루었다. 1951년 클리블랜드 라디오방송국의 디스크자키인 앨런 프리드가 리듬 앤드 블루스 'We're Gonna Rock, We're Gonna Roll'이란 곡에서 '로큰롤'이란 신조어를 만들어냈다. 1955년 7월에 'Rock Around The Clock'이 성공을 거두며 로큰롤 시대가 도래했음을 알렸다. 이후 로큰롤은 미국을 강타하기 시작했다.

로큰롤은 강풍처럼 전 세계 음악계를 휩쓸었다. 몇몇의 영화 음악을 제외하면 프레슬리는 외국어 노래를 녹음한 적이 없었고, 캐나다 3개의 도시에서 5번의 공연을 제외하고는 미국 이외의 어느 나라에서도 콘서트를 한 적이 없었다. 하지만 뛰어난 외모와 천부적인 음악성, 자유분방하고 호소력 짙은 무대 매너로 엘비스 프레슬리는 전 세계에서 가장 열렬히 추앙받는 스타가 되었다.

엘비스 프레슬리가 세상을 떠난 1977년 이후부터 지금까지 그의 명곡들은 널리 사랑받고 있으며 리메이크 앨범도 모두 안정적인 판매량을 유지하고 있다. 프레슬리는 대중음악 역사상 음반 판매량이 가장 많은 가수로 기록되고 있다.

1977년 8월 16일은 세계 수천만 명의 팬들이 깊은 슬픔에 빠진 날이었다. 미국 로큰롤의 황제인 엘비스 프레슬리가 그레이스 랜드에서 마흔세 살의 나이로 갑자기 세상을 떠났기 때문이다. 20세기의 위대한 우상 중 한 명인 로큰롤 가수 프레슬리는 사람들의 마음에서 그 누구도 대신할 수 없는 가수로 새겨져 있다. 오늘날까지 매년 약 60만 명의 사람들이 그가 살았던 테네시 주 멤피스에 있는 그레이스 랜드를 보기 위해 몰려들고 있다. 갑자기 세상을 떠난 프레슬리의 죽음은 사람들에게 또 하나의 미스터리를 던져주었다.

커 다 란   별 이   뜨 다
엘비스 아론 프레슬리는 1935년 1월 8일 미국 미시시피 주의 가난한 농장에서 태어났다. 어려서부터 음악을 좋아했던 그는 교회 성가대에서 찬송

20세기 미국 대중음악에서 중요한 자리를 차지하고 있는 엘비스 프레슬리.
그의 음악은 인종과 문화의 경계를 넘어 컨트리, 브루스, 로큰롤을 하나로 융합한
개성 넘치는 독특한 스타일로 팬들의 우상이 되었다.

을 불렀다. 1948년 부모님을 따라 멤피스로 이사했고, 이곳에서 알게 된 4
인조 복음성가 팀인 블랙우드 브라더스와 함께 가끔 공연도 했다. 그리고
얼마 후 우연한 기회에 자신만의 음악 인생을 시작하게 되었다.

1953년 어느 날, 프레슬리는 어머니에게 보낼 노래를 녹음하고 있었다.
녹음실 사장인 샘 필립스는 당시 썬 레코드사를 설립한 지 얼마 되지 않았
을 때였다. 프레슬리의 노래를 들은 필립스의 비서인 마리엔은 잠재력을
알아보고는 그의 주소를 적어두었다. 1년이 안 되어 필립스는 프레슬리를
자신의 회사로 데려와서 노래를 녹음했다. 몇 주 후에 프레슬리의 노래
'댓츠 올라잇' That's All Right은 큰 성공을 거두었고, 곧바로 첫 싱글 앨범으
로 발매되어 큰 사랑을 받았다.

이후 프레슬리는 몇 장의 음반을 출시했고 순회공연을 다녔다. 그의 음악
은 컨트리 음악 리듬에 브루스를 가미한 것으로 점차 큰 인기를 끌었다. 얼
마 뒤에 그는 유명 RCA 회사와 계약을 맺었고, 곧이어 세계적인 스타로 발

돋움했다. 그 후 프레슬리가 발매한 앨범은 차트에서 모두 1위를 차지했다.

흑인 음악을 하는 백인 가수 프레슬리. 그는 백인 음악과 흑인 음악이 한데 어우러진 개성 있고 참신한 음악을 사람들에게 선보였다. 1950년 후반에 프레슬리는 로큰롤의 우상이자 상징이 되었다. 그의 음악을 두고 다소 천박해 보이고 사회적인 책임감이나 힘이 부족하다는 평가를 내리기도 한다. 하지만 잘생긴 외모, 골반을 흔드는 춤 동작, 뛰어난 무대 매너는 세계 로큰롤 팬들의 마음속에 영원한 기억으로 살아 있으며, 그는 '골반의 황제, 엘비스'라는 별명까지 얻었다. 1961년 2월 25일, 테네시 주지사는 이 날을 '엘비스의 날'로 정했고 엘비스는 매년 크리스마스에 자신의 고향에서 자선 공연을 열었다.

로큰롤 음악이 세계적으로 유행하면서 프레슬리는 20세기 미국 대중음악계에서 중요한 위치를 차지했다. 그는 처음으로 컨트리와 브루스를 로큰롤에 녹아들게 한 백인 가수다. 또 대중음악사상 최고 음반 판매량을 기록했고, 세상을 떠난 지금까지 그의 기념 앨범은 높은 판매량을 기록하고 있다.

시 대 의 　 우 상 　 별 이 　 지 다

엘비스 프레슬리가 승승장구하고 있을 때 세상을 깜짝 놀라게 한 사건이 발생했다. 1977년 8월 16일, 엘비스가 갑자기 세상을 떠난 것이다. 이 소식이 전해지자마자 전 세계 팬들은 큰 슬픔에 빠졌고, 그를 위해 장엄하고 방대한 규모의 장례식을 치렀다. 하얀색 관, 하얀색 고급 승용차 17대, 각지에서 그를 추모하기 위해 모여 든 5만여 명의 팬…….　오늘날까지 매년

1 엘비스 프레슬리는 한창 전성기 때 갑자기 세상을 떠나
  전 세계 팬들에게 충격을 안겨주었다. 지금도 광팬들은 그가 세상 어딘가에
  아직 살아 있을 것이라 믿고 있다.
2 엘비스 프레슬리의 무덤. 그의 안타까운 죽음을 둘러싼 여러 의문들은
  세월이 흐른 뒤에 확실한 증거와 증인 등을 통해 풀렸다.

수많은 팬들이 그레이스 랜드 저택에서 그들의 우상을 추모하고 있다.

　프레슬리가 세상을 떠난 것은 너무나 이상하고 갑작스러운 일이었다. 사람들은 아직도 1977년 8월 16일 그레이스 랜드에서 도대체 무슨 일이 벌어졌는지 궁금해한다.

　그날 한밤중에 엘비스와 그의 약혼녀 진저 올든이 치과를 방문했다. 그렇게 늦은 시간에 병원을 간다는 것은 매우 이상한 일이지만 그의 보디가드가 "프레슬리는 팬들이 몰려 불필요한 마찰을 일으키지 않기 위해서 그 시간에 가야 했습니다."라고 말했다. 새벽 5시에 라켓볼이 치고 싶어진 엘비스는 약혼녀와 함께 2시간쯤 라켓볼을 쳤다. 집으로 돌아온 후에 파란색 잠옷으로 갈아입은 엘비스가 진저에게 욕실에서 책을 읽다가 자겠다고 말했다. 오후 2시에 일어난 진저는 인기척이 없자 불안한 마음으로 욕실 문을 열었다. 그러자 프레슬리가 바닥에 얼굴을 묻고 쓰러져 있었다. 곧 프레슬리의 친구들이 몹시 당황한 얼굴로 모여들었다. 구급차가 도착했을 때 그의 몸은 이미 새파랗게 변해 있었다. 프레슬리는 바티스타 병원으로 긴급 호송되었지만 의사는 약물 복용으로 인한 심장병으로 사망했다고 발표했다.

하지만 프레슬리 추종자들은 병원의 발표를 믿지 않았는데, 이와 관련해 확실한 의문점이 있었다. 특히 사망 후 경찰이 그레이스 랜드를 조사했을 때 현장은 이미 깨끗하게 치워져 있었다. 가정부가 프레슬리의 침실과 욕실을 이미 청소한 것이다. 생전에 그는 많은 약을 복용했는데 하루에 8종의 약을 먹어야 잠을 잘 수 있었다고 한다. 그렇다면 실내에 많은 약들이 있어야 하는데 이미 텅텅 비어 있었다. 프레슬리의 신체 내에는 각종 약물 성분이 가득했지만 의사와 가족들은 아무 말도 하지 않았으며 이와 관련해 언급하는 것도 꺼려했다. 이 때문에 사람들은 프레슬리의 사인에 대해 더욱 의심을 가졌다.

이밖에 프레슬리의 검시 보고서 역시 공개되지 않아 그가 살해당한 것이 아니냐고 추측하는 사람들도 있었다. 또한 프레슬리가 죽기 전에 FBI의 보호를 받고 있었다는 말이 전해졌다. 프레슬리가 증인의 신분으로 법정에서 흑인 마피아의 살인을 증언하기로 했기 때문이다. 아마 이런 이유로 프레슬리는 마피아의 눈엣가시가 되어 그들의 손에 죽었다는 주장이 제기되기도 했다. 당시 프레슬리는 많은 약들을 복용하고 있었고 매일 많은 사람들이 그레이스 랜드를 드나들어 누구라도 마음만 먹으면 약을 바꿔치기 할 수 있었다. 하지만 이것은 단지 추측일 뿐 신뢰할 만한 증거가 없었다. 프레슬리가 죽은 후 아홉 살 된 딸인 리사를 제외한 모든 가족들이 경찰의 조사를 받았지만 지금까지도 구체적인 내부 상황은 밝혀지지 않았다.

또 어떤 사람은 프레슬리가 자살했다고 주장했다. 프레슬리의 계모는 그가 죽기 전에 아버지에게 유서를 남겼다고 전했다. 유서의 내용은 프레슬리가 자신의 아버지에게 암에 걸린 것을 밝히며 암이 주는 고통을 견딜 길이 없어 이 고통에서 헤어나서 천국에 먼저 가 있는 어머니를 만나고 싶다는 것이었다. 하지만 프레슬리의 아버지가 이미 세상을 떠났기 때문에 이 주장이 사실인지 아닌지 밝히는 것은 불가능하다.

프레슬리의 어머니가 그의 인생에 큰 영향을 미쳤다는 것은 누구나 알고 있는 사실이다. 프레슬리는 어머니를 떠나서는 어떻게 살아야 하는지 모를 정도로 의지했다. 그리고 어머니에 대한 사랑으로 모든 것을 이겨낼 정도였다. 어머니가 죽은 후에 프레슬리는 오랫동안 고통 속에서 방황했다. 그래서 그가 어머니를 다시 만나려고 자살했다는 주장은 그럴 듯해 보인다. 엘비스는 그의 바람대로 천국에서 어머니를 만났을 것이다. 그나마 이것으로 팬들은 위안을 얻고 있다.

신 경 안 정 제 가   범 인 이 다

이 사건에 대해 어느 정도 알고 있는 사람들은 엘비스 프레슬리가 한 번에 다량의 마약을 흡입해서 죽었다고 생각한다. 프레슬리가 죽은 후에 그의 몸에서 14종의 마약성분이 검출되었기 때문이다. 하지만 그의 팬들은 이런 결과를 바라지 않았다. 그들의 우상이 마약을 흡입했을 리 없다는 것이었다. 그렇지 않고서야 어떻게 이 위대한 가수의 이미지를 무너뜨리지 않고 지킬 수 있단 말인가?

프레슬리의 가족과 의사는 그가 사용하던 약들에 대해 단 한마디도 하지

사망 원인이 무엇이든 엘비스 프레슬리는
지금까지도 팬들의 마음속에 여전히 살아 있다.
잘생긴 외모, 골반을 흔드는 춤 동작,
뛰어난 무대 매너는 세계 로큰롤 팬들의 마음속에
영원히 남아 있다.

않았다. 이 때문에 오히려 마약으로 죽었을 가능성이 더욱더 커 보였다. 게
다가 프레슬리가 살아 있을 때 그가 마약 중독자라는 말이 떠돌기도 했다.
프레슬리의 매니저는 이를 부인하면서, 프레슬리는 타락하지 않았고 복음
성가를 부르는 테네시 주의 농촌 사람일 뿐이라고 주장했지만 그의 말을
믿는 사람 또한 드물었다.

　1979년 프레슬리가 세상을 떠난 지 2년이 지나도록 약물 문제에 대한 논
쟁은 끊이지 않았다. 이때 새로운 주장이 제기되었다. 그해 12월 13일, 미
국의 유명한 법의학자 시릴 웨칙이 TV 프로그램에 출연해 엘비스는 심장
병이나 다른 원인 때문에 죽은 것이 아니며, 10여 종의 진정제를 섞어 복용
했기 때문에 사망했다고 밝혔다. 이런 행위는 프레슬리의 중추신경계에 큰
부작용을 일으켰고 이 때문에 그의 심장이 멈췄다는 것이다. 이런 상황은
처방전 중복으로 발생하는데 보통 2명 이상의 의사가 서로 의사소통 없이
한 환자에게 처방전을 동시에 주어서 이런 상황이 발생한다고 말했다.

　당시 엘비스 프레슬리의 부검을 끝낸 후에 담당 법의학자였던 게리 프란
체스코 박사가 기자들에게 밝힌 사인은 심장이 쇠약해져 발생한 부정맥이
었다. 또 프레슬리가 여러 심혈관 질병을 앓고 있었는데 사건 당시 가벼운

고혈압 증상이 있었고, 예전에 치료받은 적이 있는 심혈관 경화 증세도 동시에 나타났다고 분석했다. 이 두 질병은 부정맥을 일으키는 원인이지만 정확한 사인은 아직까지 밝혀지지 않고 있다. 시릴 웨칙은 경험이 풍부한 법의학자의 이론을 토대로 이것은 황당한 말이라고 주장했다. 누구든지 심장이 멈추면 죽지만 문제는 심장 박동을 멈추게 한 원인이 무엇인가 하는 것이다.

1977년 10월, 프레슬리가 죽고 몇 개월 지난 후에 침례교병원 병리학자들 역시 그의 사망 원인은 부정맥이 아니라 약물이라고 밝혔다. 이후 게리 프란체스코 박사는 기자 회견을 열어 프레슬리의 사인은 고혈압, 심장병, 심혈관 질환에 의한 것이라고 재차 강조했다. 이 법의학자는 테네시 대학 의과대학이 철저하게 독성을 분석한 결과 약물이 사인이라는 주장은 황당무계한 거짓말이라고 했다. 심지어 그는 "약물은 엘비스 프레슬리의 죽음에 아무런 영향을 미치지 않았다"라는 말을 계속 되풀이했다. 당시 프레슬리의 주치의인 니코폴로스 박사 역시 프란체스코 박사의 주장에 동의하며 자신의 환자가 부당하게 약을 사용했다는 소문을 부정했고 확실한 어조로 "만약 엘비스 프레슬리가 코카인을 흡입했다면 내가 모를 리 없다."라고 기자에게 말했다.

프란체스코 박사 등의 결론에 대해 시릴 웨칙은 새로운 비밀을 말했다. 프레슬리의 시신을 해부하는 당일 저녁에 침례교병원 측은 인체조직 샘플 2개를 준비해서 하나는 게리 프란체스코에게 주고, 나머지는 캘리포니아에 있는 생물과학실험실에 보냈다. 미국 내에서 가장 권위 있는 이 실험실은 프란체스코 박사의 보고서와 다른 분석 결과를 내놓았다. 시릴 웨칙은 다행히 자신에게 캘리포니아 실험실의 결과 보고서 복사본이 있는데, 이

것을 자세히 심사한 결과 그 역시 캘리포니아 실험실과 똑같은 결론을 얻었다고 말했다.

독성 분석 보고서는 죽은 시신의 인체 내에 남아 있는 물질을 화학 검사한 결과다. 웨칙 박사가 프레슬리의 사인이 약물의 종합적인 작용 때문이라는 결론을 내린 이유는, 이 보고서에 그의 인체 내에 여러 종류의 안정제가 있었다는 내용 때문이다. 이중에는 중추 신경을 억제하는 치명적인 진통제도 섞여 있었다.

그렇다면 프레슬리가 어떻게 이런 약들을 복용할 수 있었을까? 웨칙 박사는 프레슬리의 체내 약물 함량에 근거해 그의 죽음이 자살이 아닌 사고라고 선언했다. 만약 프레슬리가 복용한 약물이 2명의 의사가 처방한 것이라면 이것은 신중하지 못한 의사들의 잘못이라고 말했다. 더군다나 이것은 의사 윤리에 어긋나는 행동이기도 했다. 대뇌를 억제하는 작용이 있는 약을 처방할 때는 반드시 사전에 다른 약을 복용하고 있지 않은지 확인해야 한다. 프레슬리는 의사들이 무책임하게 처방전을 남발한 바람에 목숨을 잃었다는 것이다.

돌멩이 하나가 잔잔한 수면에 큰 파장을 일으킨 것처럼 웨칙 박사의 결론이 전해지자 큰 반향이 일었다. 며칠 후 테네시 주 판사가 엘비스 프레슬리의 검시 보고서를 공개하라고 명령했다. 이 보고서는 웨칙 박사의 의문점을 해소해주었다. 침례교병원의 보고서와 프란체스코 박사의 보고서의 다른 점은 다음과 같다.

첫째, 프란체스코 박사는 프레슬리의 심장 기관의 무게가 2배로 증가했고 이것이 그의 고혈압을 설명해준다고 말했다. 하지만 침례교병원 측은 프레슬리의 심장 무게는 520그램이었고, 그의 신장과 체중을 고려하면 심장의 정상 무게가 350~400그램 사이여야 한다고 밝혔다. 그렇다면 프란체스코 박사의 심장 무게의 2배 주장은 어떻게 된 것일까? 둘째, 해부 보고서에서는 의사들이 심장 근육에 상처가 없다는 결론을 내렸다. 염분과 수분의 적체 현상이 없다는 것은 충혈성 심근 쇠약이 발생할 수 없다는 사실을 의미한다. 셋째, 의사들은 프레슬리가 가벼운 고혈압만 앓고 있었으며, 이 정도 혈압은 절대로 그의 생명을 위협할 수 없다고 주장했다. 넷째, 흉부 검사 결과는 혈괴, 경색, 동맥류 등이 발견되지 않았으며 중풍의 조짐도 없었다. 다시 말해 해부학적 관점에서 살펴보면 해부를 끝냈다 하더라도 사망 원인을 확정할 수 있는 충분한 근거가 없으면 나중에 도출되는 독성 분석 보고를 종합해 결론을 내야 한다. 하지만 법의학자인 프란체스코는 미세 관찰이나 현미경 관찰, 독성 분석 보고서가 나오기도 전에 사인을 확정지었다.

몇 주 후에 연방법원은 배심원단을 소집했고 프레슬리와 관련된 해부, 독성 분석 검사 결과를 모두 모았다. 이후 배심원단은 광범위한 소송서를 제출했다. 정부의 조사 결과는 실로 놀라웠다. 엘비스 프레슬리가 사망하기 전 7개월 동안 주치의 니코풀로스 박사가 그에게 5,300알이나 되는 흥분제와 진정제를 처방한 것으로 나타났다. 의료위원회는 니코풀로스 박사의 의사 면허를 3개월간 정지시켰다.

워터게이트 사건(1972~1975년)　　미국 역사상 가장 지저분한 정치 스캔들. 미국 및 세계 미디어 분야에 오랫동안 영향을 미쳤다. 1972년 6월 17일, 공화당 닉슨 경선팀의 수석 안보 고문인 제임스 매코드를 위시로 한 5명이 워싱턴 워터게이트 빌딩에 위치한 민주당 전국위원회 사무실에 침입해 도청기를 설치하고 관련 문서를 훔치다가 현장에서 경찰에 잡힌 것이 시발점이 되었다. 1972년 11월 11일에 닉슨은 압도적인 우세로 대통령 연임에 성공했지만, 이 사건으로 1974년 8월 8일 대통령직을 사임하고 포드 부통령이 대통령직을 승계했다.

니코풀로스 박사는 유명 변호사인 제임스 닐(미국에서 뛰어난 변호사 중 한 명으로 워터게이트 사건의 주요 인물을 대상으로 소송을 제기해 모두 유죄 판결을 받아냈음)을 선임했다. 법정에서 닐은 의뢰인이 프레슬리에게 모든 처방 약물을 제공했지만, 그것은 단지 그의 생명을 지키기 위해서라고 밝혔다. 프레슬리는 마약 중독자였기 때문에 니코풀로스 박사가 약을 처방해주지 않으면 그는 반드시 다른 곳에서 더 위험한 약물을 구했을 거라는 주장이었다. 그래서 니코풀로스 박사는 일단은 프레슬리를 자신의 감독 아래에 두고 마약을 끊을 수 있도록 조금씩 도우려는 목적으로 약을 처방했다고 주장했다. 논리적인 변호 덕분에 니코풀로스 박사는 무죄를 선고받았다. 그러나 웨칙 박사는 니코풀로스의 주장은 궤변이라며 비난을 퍼부었다.

니코풀로스 박사는 개인적인 욕심과 걱정, 다시 말해 프레슬리가 자신을 해고할지 모른다는 걱정 때문에 필요한 의학조치를 취하지 않았던 것이다. 한편 웨칙 박사는 프란체스코 박사가 엘비스 프레슬리의 광팬이기 때문에 약물 때문에 죽었다고 사실대로 발표한다면 그의 이미지에 손상을 입힐까봐 거짓말을 했을 거라고 추측했다.

12년이 지난 1991년, 에릭 무어헤드 박사가 결국 웨칙 박사의 주장을 증명했다. 무어헤드 박사는 사람들의 존경을 한 몸에 받는 병리학자인데, 1977년 멤피스 침례교병원에서 엘비스 프레슬리 사건의 병리 분석을 담당했던 사람으로 시신 해부에 참여했다. 첫날부터 그는 프레슬리가 프란체스코 박사의 주장처럼 심장병으로 죽은 게 아니라는 사실을 알았다고 말했다. 그는 제때 나서서 잘못된 정보를 고치지 않았던 과거의 일을 사과했다. 이로써 이 사건은 일단락되었다.

사건은 아직 끝나지 않았다. 지금까지도 광팬들은 엘비스 프레슬리가 죽었다는 사실을 믿지 않고, 세상 어딘가에 살아 있을 것이라 믿고 있다.

　여전히 많은 팬들의 마음속에 살아 있는 우상인 프레슬리는 팬들에게 반항아, 장난을 좋아하는 개구쟁이 이미지를 남겼다. 이런 이미지가 너무 강해서 죽음조차 팬들에게는 믿어지지 않는 것이다. 많은 사람들은 그가 유명세로 인한 피로를 참지 못하고 시끄러운 세상을 떠나 조용한 곳에서 지내고자 논쟁의 여지가 없는 '사망'이라는 수단으로 팬들에게 이별을 고하고 숨었다고 여겼다. 프레슬리의 죽음을 믿지 않는 팬들은 만약 그가 이렇게 많은 사람들이 여전히 자신을 사랑하고 있다는 사실을 안다면 언젠가 다시 등장할 것이라고 생각하고 있다. 그의 광팬들은 더 이상한 이야기를 만들어냈다. 엘비스 프레슬리의 목소리가 너무나 아름다워서 우주인까지 그의 목소리에 빠져들었고, 그의 노래를 늘 듣기 위해서 그를 납치해 갔다는 것이다.

　2003년 10월 사람들을 깜짝 놀라게 한 소식이 세상에 전해졌다. 테네시주 그레이스 랜드에서 프레슬리로 의심되는 남자를 봤으며 사진까지 찍었다는 목격자가 등장했다. 목격자는 중년 여성 관광객으로, 그의 별장 앞에서 엘비스 프레슬리와 닮은 노인을 보고 몰래 그를 따라 별장까지 들어가 사진을 찍었다며 흑백 사진을 증거로 제시했다. 그녀는 이 사람이 엘비스 프레슬리라고 믿는다고 말했다. 사진에는 노인이 별장 앞에서 휠체어에 앉아 쉬고 있는 모습이 찍혀 있었다. 사진을 본 사람들은 만약 이 사진이 진짜라면 사진 속에 있는 사람은 98퍼센트 엘비스 프레슬리라고 말했다. 이밖에도 캘리포니아의 한 식당 주인이 자신의 식당에서 프레슬리가 샌드

1 영원한 우상인 엘비스 프레슬리. 당시 그는 공연을 하면서 뜨거운 팬들의 성원에 고마움을 표시하며 행복한 시간을 보냈다.
2 멤피스에 있는 그레이스 랜드. 이곳은 박물관으로 바뀌어 엘비스 프레슬리를 기리는 성지가 되었다. 매년 수많은 팬들이 이곳을 찾아와서 그들의 우상을 추억한다.

위치를 사갔다고 주장하기도 했다.

프레슬리가 죽지 않았다는 주장이 계속 등장해 세상을 혼란스럽게 만들어도 중요한 것은 화려하고 신비했던 그의 삶과 노래는 사람들의 기억 속에 여전히 살아 있다는 것이다.

지금까지 매년 수많은 팬들이 그레이스 랜드를 방문해 마음속 우상을 애도하고 있다. 1957년 프레슬리는 하트브레이크 호텔에서 공연하고 받은 10만 3천 달러로 그레이스 랜드를 사고 20년간 살았다. 이곳에는 그가 직접 설계한 숲과 그가 수집한 수많은 사냥총이 보관되어 있으며, 특별히 지은 라켓볼장도 갖추고 있다. 프레슬리가 가장 애착을 갖고 정성을 쏟은 그레이스 랜드는 현재 미국의 국가 보호 유산 명단에 올라 백악관, 워싱턴 장원, 제퍼슨 장원과 함께 연방 정부의 최고 보호를 받고 있다.

루이지애나

6장 | 프랑스 이민의 후손 루이지애나

루이지애나는 현재의 루이지애나 주를 포함한 훨씬 넓은 지역을 의미한다. 동쪽으로는 미시시피 강과 서쪽으로는 로키 산맥, 남쪽으로는 멕시코만과 북쪽으로는 캐나다에 닿는 지역으로 총 면적이 210만 제곱킬로미터에 이른다. 미시시피 강은 멕시코만으로 흘러들어가기 직전에 비옥한 들판인 미시시피 삼각주에 루이지애나를 잉태했다. 루이지애나는 북미 지역에 도착한 첫 프랑스 이민자들이 이곳에 정착했기 때문에 '프랑스 이민 후손의 주'라고 불린다. 이 지역은 일찍이 미국과 프랑스의 중요한 연결고리였다. 재즈의 탄생지인 뉴올리언스는 지금도 프랑스 문화가 곳곳에 스며있어 '미국의 파리'라는 별칭도 갖고 있으며 세계를 뒤흔들었던 미시시피 버블은 프랑스에서 시작되었지만 루이지애나에도 큰 영향을 미쳤다.

미시시피 강은 로키 산맥에 자리한 옐로스톤 국립공원 부근에서 발원해서
미국의 대평원을 적시며 6,270킬로미터를 달려 멕시코만으로 흘러들어 간다.

멕시코만으로 흘러들어가기 직전 미시시피 강은 비옥한 들판으로 유명한
미시시피 삼각주를 탄생시켰다. 이 삼각주의 최남단인 멕시코만에 근접한
지역에 바로 루이지애나 주가 있다. 루이지애나 주는 북미 지역에 도착한
첫 프랑스 이민자들이 이곳에 모여 정착했기 때문에 '프랑스 이민 후손의
주'라고 불린다. 실제로 루이지애나는 넓은 토지를 의미하는데, 지금의 루
이지애나 주는 그중 일부분에 불과하다. 이 지역은 일찍이 미국과 프랑스
의 중요한 연결고리였다.

루이지애나는 현재의 루이지애나 주를 포함해 훨씬 넓은 지역을 의미한다. 동쪽으로는 미시시피 강, 서쪽으로는 로키 산맥, 남쪽으로는 멕시코 만, 북쪽으로는 캐나다에 닿는 지역을 의미하며 총 면적이 210만 제곱킬로미터에 이른다. 이 광활한 토지에는 기원전부터 인디언이 살고 있었다. 문헌에 따르면 루이지애나 북부 계곡을 가장 먼저 발견한 사람은 스페인인 에르난도 데 소토다. 1682년에 프랑스 탐험가 르네-로베르 카블리에 드 라 살이 루이지애나 주를 프랑스 영토로 선언하고, 당시 프랑스 국왕인 루이 14세의 이름을 따서 '루이지애나'로 명명했다. 1731년 프랑스 식민지

루이 14세(1638~1715, 재위 1643~1715년)   프랑스 국왕으로 72년간 프랑스를 통치했다. 세계에서 통치 기간이 긴 국왕 중 한 명으로 '태양왕'으로 불린다. 그가 집정하던 때는 유럽의 군주 전제정치의 전형이자 모범으로 여겨지던 시기였다. 재위 기간 동안 수많은 전쟁과 궁정의 지출로 상업의 발전과 화폐 유통을 촉진시켰다. 하지만 사치와 무거운 세수 정책은 프랑스 혁명이 일어나게 된 원인이 되었다.

1 2 3

1 프랑스 국왕 루이 14세. 당시 프랑스는 북아메리카에서
   광활한 식민지인 루이지애나를 차지하고 있었다.
2 위대한 정복자 나폴레옹. 유럽에서 그 누구도 나폴레옹을 대적하지 못했지만,
   미국에서는 난관에 부딪쳐 결국 낮은 가격에 루이지애나를 넘기고 말았다.
3 미국 독립선언의 초안자였던 토머스 제퍼슨 대통령.
   루이지애나 매입에 성공함으로써 미국 영토를 2배로 확장시켰다.

가 되었다가 1762년 스페인이 다시 점령했다.

1776년 7월 4일, 북아메리카 13개 식민지가 영국에게서 독립을 선언했
다. 이때 미국 영토의 총 면적은 80만 제곱킬로미터밖에 되지 않았다. 하
지만 1783년 영국이 미국의 독립을 인정하고 13개 주 이외에 대서양 연안
대부분 지역을 미국에게 돌려준다고 선언하면서, 미국 영토는 230만 제곱
킬로미터로 늘어났다. 이는 현재 미국 영토 면적의 30퍼센트에 달한다.
1789년에는 미국 연방 정부가 들어섰다. 이제 막 건국한 미국은 역사적으
로 영토를 넓히는 지름길이었던 전쟁이 아니라 매입 방식을 이용해 빠르게
영토를 확장시켜 나갔다.

1800년에 프랑스를 다스리기 시작한 나폴레옹은 강력한 군사력을 이용
해 루이지애나를 스페인에게서 빼앗았다. 루이지애나의 면적은 현재 미국
중서부 지역 13개 주의 면적에 필적했다. 이제 막 기지개를 시작한 미국으

로서는 강대국인 프랑스가 큰 부담이 아닐 수 없었다. 나폴레옹이 북쪽의 캐나다까지 손에 넣을 속셈으로 인디언과 손을 잡고 미국 국경 지역을 혼란에 빠뜨릴 수 있기 때문이었다. 또한 안보에 대한 우려뿐 아니라 미국 역시 광활한 루이지애나가 탐이 났기 때문에 호시탐탐 기회를 엿보고 있었다. 당시 제퍼슨은 만약 프랑스가 루이지애나를 계속 점령하고 있으면 미국은 영국 정부와 연합할 것이라는 성명을 발표했다. 유럽전쟁이 발발하면 미영 연합군은 곧바로 뉴올리언스에 진입할 수 있었다.

1801년 3월, 미국 대통령으로 당선된 토머스 제퍼슨은 취임 직후부터 프랑스와 협상을 벌여 루이지애나의 매입 의사를 밝혔다. 그 당시 프랑스는 영국과 우호적인 관계를 유지하고 있었기 때문에 미국의 요구를 단호히 거절했다. 오히려 나폴레옹은 스페인의 수중에 있던 플로리다까지 빼앗을 작정이었다. 하지만 얼마 후 프랑스와 영국의 관계가 악화되면서 전쟁이 벌어졌다. 세계무대에서 영국의 패권 지위를 깡그리 무너뜨릴 생각으로 나폴레옹이 태도를 확 바꾼 것이다.

1803년 1월 11일, 제퍼슨 대통령이 제임스 먼로(1758~1831, 5대, 재임 1817~1825)를 특사로 파견해 프랑스 정부와 협상을 시작했다. 이때 프랑스의 또 다른 식민지 라틴아메리카의 아이티에서 독립 운동이 시작되었다. 나폴레옹이 신속하게 군대를 보냈지만, 그동안 대적할 군대가 없을 만큼

토머스 제퍼슨(1743~1826년)   미국 3대 대통령이자 '독립선언'의 초안자. 1743년 버지니아 주에서 태어났다. 1775년 버지니아 제2차 대륙회의 대표로 선출되었고, 1776년 독립선언의 초안을 작성했다. 1784년 미국 대사로 프랑스에 갔다. 1789년에 귀국한 뒤 얼마 지나지 않아 미국 제1대 국무장관으로 임명되었다. 1796년 부통령으로 당선되었고, 1800년 애덤스를 물리치고 3대 대통령으로 당선되었다. 1804년 재선에 성공했지만, 1808년 3선 도전을 거부했다. 1809년 은퇴한 후 버지니아 대학을 설립했다.

막강했던 프랑스 대군은 아이티의 열대 기후에 적응하지 못해 대패하고 말았다. 이 소식이 파리에 전해지자 나폴레옹은 놀라움을 감출 수 없었다. 아메리카 지역을 다스리는 일이 녹록해 보이지 않았기 때문이다.

그는 1년 전에 스페인에게서 빼앗은 땅에 흥미를 잃었고, 아메리카 제국을 건설하려던 계획도 포기했다. 이에 따라 프랑스 대표가 협상 테이블에서 1,500만 달러에 루이지애나를 팔겠다는 의사를 전했다. 당시 미국협상 대표는 뉴올리언스와 그 주변 영토만 사들이는 데 1,000만 달러를 지불해도 된다는 지시를 받은 상황이었기 때문에 흡족하게 이 제안을 받아들일 수 있었다.

1803년 4월에 프랑스와 미국은 '루이지애나 조약'에 서명했고, 미국은 1,500만 달러에 루이지애나 땅 전체를 매입했다. 1제곱킬로미터당 5달러도 안 되는 가격으로 미국은 피 한 방울 흘리지 않고 260만 제곱킬로미터나 되는 거대한 토지를 얻었다. 이로써 하루 밤 사이에 미국의 영토 면적은 2배로 늘어났다. 이것은 미국 역사상 최대 토지 거래였으며, 가장 수지맞는 거래였다.

낮은 가격으로 루이지애나 매입에 성공한 미국은 또다시 영토를 확장할 야심에 부풀었다. 루이지애나와 근접한 플로리다를 다음 목표로 삼고, 이미 이 지역에 농장 경제를 발전시키려는 계획까지 세워놓았다. 미국은 프랑스에 루이지애나 매입 의사를 전하던 시기에 스페인에도 플로리다를 매입하겠다는 의사를 밝혔으나 스페인은 이를 딱 잘라 거절했다.

1808년에 스페인 본토가 나폴레옹의 손에 넘어갔다. 이 기회를 틈타 미국인이 대거 플로리다로 진입했다. 1809년에 플로리다 지역에서 미국의 주민 수는 이미 총인구의 90퍼센트를 넘었고, 플로리다의 스페인 통치 기반이 곧 무너질 듯이 흔들렸다. 또다시 1814년에 미국 이주민들이 대규모로 플로리다에 유입되었다. 결국 스페인은 이 지역을 포기하기로 마음먹었다. 1819년 2월 22일, 미국과 스페인이 조약에 서명했고 미국은 500만 달러에 15만 제곱킬로미터나 되는 플로리다를 매입했다.

뒤이어 미국은 계속 모반을 선동하고 위협해 멕시코와 영국에게서 텍사스와 오리곤 지역을 빼앗았다. 1848년 2월 2일 미국은 멕시코와 조약을 체결하고 상징적인 액수인 1,500만 달러를 지불하고 캘리포니아, 뉴멕시코 지역을 포함해 총 140만 제곱킬로미터의 토지를 매입했다. 1853년에는 주 멕시코 미국 공사가 1,000만 달러로 미국-멕시코 접경 지역의 토지 10만 제곱킬로미터를 더 매입했다. 1867년 윌리엄 수어드 국무장관이 720만 달러에 150만 제곱킬로미터가 넘는 알래스카 지역을 러시아로부터 매입했다. 이렇게 미국은 달러와 무기를 이용해 지금의 영토 대부분을 차지했다.

윌리엄 수어드(1801~1872년) 미국 정치가. 1830~1834년 주 상원의원을 지냈다. 1839~1843년 뉴욕 주 주지사를 지냈으며, 1849~1861년 연방 의회 상원의원을 지냈고, 휘그당을 이끌었다. 노예주와 타협한 '1850년 타협안'과 1854년 '캔자스-네브래스카 법안'에 반대했다. 1861년 링컨 대통령 재임 시기에 국무장관에 임명되어 내전 기간 중 대외관계 업무를 처리했다. 1865년 링컨 암살 사건이 있던 바로 그날 자객의 습격을 받았지만 부상만 입었다. 1867년 러시아와 협상해서 알래스카 지역을 매입했다.

루이지애나 남동부 지역, 미시시피 강이 바다로 들어가는 멕시코만 가까운 곳에 미국의 주요 항구 도시 뉴올리언스가 자리 잡고 있다. 뉴올리언스는 루이지애나 주 최대 도시이자 미국에서 뉴욕 다음으로 큰 항구 도시이며, 재즈와 프랑스 문화로 유명하다.

뉴올리언스 일대는 원래 인디언 거주지였는데, 1718년 프랑스인이 마을과 도시를 세우고 당시 프랑스 집정왕인 오를레앙의 이름을 따서 뉴올리언스라고 지었다. 1722년에는 프랑스 식민지 루이지애나의 행정부 소재지가 되었으며 1762년 스페인에 귀속되었다가 1800년 다시 프랑스의 통치를 받게 되었다. 1803년 미국이 1,500만 달러에 루이지애나를 매입함으로써 미국의 영토가 되었다.

1812년 이후 목화 산출 지대가 형성되면서 뉴올리언스는 목화 집산지와 흑인 노예 시장의 중심이 되었고, 상업이 번성하면서 '남부의 황후 도시'라는 별칭을 얻었다. 1840년에는 인구가 10만 2천 명에 달해 당시 미국에

미시시피 강이 바다로 흘러드는 곳에
위치한 뉴올리언스.
루이지애나 주에서 가장 큰 도시이며,
재즈의 본 고장으로 알려져 있다.

서 네 번째로 큰 도시로 꼽혔고, 1896년에는 운하를 착공하고 수로를 정돈
하면서 항구 수역이 확대되었다. 1914년 파나마 운하가 개통된 뒤에는 라
틴아메리카 서해안, 아시아, 아프리카 동해안, 대서양 항구로 직항할 수 있
게 되어 무역 규모가 확대되고 항구 물동량이 증가하면서 도시가 크게 발
전하기 시작했다.

　뉴올리언스 중간에는 미시시피 강이 흐르고 북부에는 폰차트레인 호수
가 자리 잡고 있다. 뉴올리언스 시내의 일부 지역은 미시시피 강과 폰차트
레인 호수의 수위보다 지면이 낮기 때문에 강의 수위가 높아지면 유람선이
사람들의 머리 위로 떠다니는 것 같은 상황이 벌어진다. 그래서 사람들은
뉴올리언스를 '물의 도시'라고 부르기도 한다. 뉴올리언스는 주민 대부분
이 불어를 쓰고 프랑스 음식을 먹는 등 프랑스와 스페인의 풍속과 관습을
그대로 유지하고 있어 '미국의 파리'라는 별칭도 갖고 있다. 전략적 요충
지인 뉴올리언스는 미국의 운명을 결정지은 제2차 미영전쟁이 전개되기도
했다.

제 2 차 미 영 전 쟁

영국은 미국의 독립에 굴하지 않고 미국을 다시 식민지로 삼으려고 호시탐탐 기회를 노렸다. 1783년부터 영국은 경제, 군사, 정치적으로 미국에 압박을 가하기 시작했다. 한편 독립을 얻은 미국은 세력을 끊임없이 확장했다. 특히 1803년 미국이 루이지애나를 매입해 국토 면적을 2배나 확장한 뒤에는 영국이 두려움을 느낄 정도였다. 이때부터 영국은 미국의 영토 확장을 저지하기 위해 미국의 해상 무역을 방해하기 시작했고 영국이 캐나다를 통해 미국에 저항하는 인디언에게 무기를 공급하면서 갈등은 더욱 첨예화되었다.

1807년 6월 영국 군함이 미국 범선 체서피크호를 습격해 미국 선원 21명이 부상당하거나 죽었다. 이 때문에 양국 관계는 급속도로 악화되었다. 1810년 영국이 1,000척에 달하는 미국 함선을 나포해 미국 해상 무역을 봉쇄하려고 했다. 게다가 캐나다를 기지로 삼아 미국 정부와 전쟁을 벌이는 인디언 부족을 지원했는데, 특히 북서부 인디언 추장 테쿰세가 인디언을 이끌며 미국의 서진 운동을 적극적으로 방해했다. 이런 모습을 지켜보던 미국 정부는 캐나다를 정복하는 방법만이 서쪽으로 영토를 확장할 수 있는 최선의 방안이라는 결론에 다다랐다. 이로써 1812년 6월 1일 미국 의회는 매디슨 대통령이 제출한 대영전쟁 선포안을 통과시켰고, 6월 18일 영국에 전쟁을 선포함으로써 제2차 미영전쟁이 발발했다. 미국은 해상의 자유를 찾기 위해 전쟁을 선포한다고 발표했지만, 캐나다를 점령해 자신들의 영토를 넓히려는 속셈이었다.

훗날 애덤스 대통령은 이런 말을 남겼다. "미국의 운명은 북반구의 서쪽 지역 모두를 점령하는 것이다." 미국인의 눈에 캐나다는 단지 점령해야 할

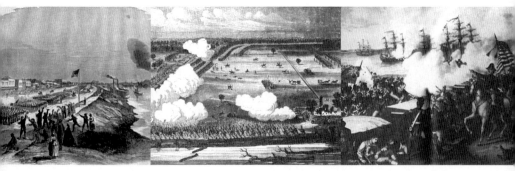

매우 격렬했던 제2차 미영전쟁. 미국 육군은 패배했지만, 해군은 승리를 거두었다.
이 전쟁으로 미국 국민들의 애국심은 더욱 고취되었다.

땅에 불과했다. 1812년 영국은 유럽과 프랑스의 나폴레옹을 상대로 한 전쟁을 해결하지 못해 북아메리카 지역에는 2만 명도 안 되는 군인을 파견했다. 더구나 캐나다에 주둔하고 있는 군인은 4,500명밖에 되지 않았다. 이런 절호의 기회를 놓칠리 없는 미국 육군은 캐나다를 점령하기 위한 전략을 세웠다.

미군은 군사를 세 무리로 나눠서 캐나다로 진격하려 했다. 첫째는 동쪽으로 방향을 잡아 캐나다 몬트리올로 쳐들어가는 것이었다. 둘째는 나이아가라를 따라 진군하다가 온타리오 호수 양쪽으로 쳐들어가는 것이었다. 셋째는 디트로이트에서 진격하는 것이었다. 하지만 전쟁이 시작된 후 미국 각 주가 전쟁에 참여하지 않겠다고 선언하면서 미군은 군사 부족 문제에 직면하게 되었다. 미군은 어쩔 수 없이 원래의 계획을 버리고 병력을 집중시켜 세인트로렌스 강 지류와 5대호 지역으로 진격했다.

전쟁을 선포한 당일, 매디슨 대통령은 미시건 주의 윌리엄 헐 주지사에게 2,500명의 군인을 이끌고 디트로이트로 가라는 명령을 내렸다. 하지만 헐의 부대는 700명밖에 되지 않는 영국군에게 속수무책으로 당하면서 투항했다. 11월부터 미군은 승전과 패전을 거듭하면서 몬트리올로 진격했지만 얼마 후 후방 지원 부분에서 심각한 문제가 발생했다. 특히 정식 훈련을 받지 않은 민병이 캐나다 진입을 거부하는 바람에 20여 킬로미터를 남겨두고 되돌아올 수밖에 없었다. 이렇게 미군의 육상 공격은 모두 실패로 돌아갔다.

육지는 참패했지만 해상 전투는 승전보가 연이어 들려왔다. 미국 해군은 2개월간 영국 군함 3척을 격파하거나 나포해 600척의 군함을 보유한 영국을 충격에 빠뜨렸다. 1812년 12월 브라질 부근 해역에서 미국의 군함 콘스티튜션호와 영국 게리에르호가 격렬한 전투를 벌여 게리에르호의 돛이 부러지고 지휘관이 사망하게 되었다. 결국 영국은 신생 해군인 미군의 힘을 더 이상 무시할 수 없게 되었다. 1813년부터 영국군은 제해권을 장악하기 위해 대규모 전선을 북아메리카 지역으로 보냈다. 하지만 영국인의 꿈은 계속되는 해상 전투에서 서서히 붕괴되고 있었다.

9월 10일 미군 페리 장교가 이끄는 함대가 영국 함대와 이리호에서 격전을 벌였다. 전투 중 페리의 기함 로렌스호가 격파 당했고, 영국의 디트로이트호와 퀸샬로트호가 충돌하는 등 패색이 짙어졌다. 미국의 나이아가라호는 기세를 몰아 맹공을 퍼부었다. 4시간 동안 격전을 치른 끝에 영국 함대가 백기를 들었다. 이는 영국 해군 역사상 처음으로 모든 함대가 투항한 사건으로 기록되었다. 전투가 끝나고 페리는 미국 총사령관에게 "친애하는 장군님, 모든 적을 사로잡았습니다."라는 승전보를 전했다. 이때부터 미군이 이리호를 완벽히 지배하면서 영국의 후방 공급선을 끊어 캐나다로 철수하도록 만들었다.

이리호 전투에서 거둔 승리의 기세를 몰아 해리슨 장교가 3,500명을 이끌고 육지에서 영국군을 물리쳤다. 10월 5일 미군이 지금의 캐나다 온타리오 주 근처인 템스 강변에서 영국군과 인디언 연합군을 좇아 전투를 벌였다. 500명이 죽고 600명이 포로로 잡히는 등 연합군이 참패했다. 특히 미군은 테쿰세 추장을 잔인하게 죽이고 가죽을 벗겨 피혁을 만드는 등 만행을 저질렀다. 이는 1813년 미군이 육지전에서 유일하게 거둔 승리였다. 이로써 영국군과 인디언의 연합군은 와해되었고 뒤이어 미군은 육상, 해상으로 캐나다를 공격했다.

1814년 나폴레옹이 퇴위하면서 영국이 아메리카로 군대를 증파했고, 캐나다 영국군은 필사적으로 미군의 공격을 방어했다. 영국은 캐나다, 체서피크만, 뉴올리언스를 통해 미국을 전면 공격할 계획을 세웠다. 8월 19일, 영국군이 미국 동해안 체서피크만에 상륙했다. 영국군은 병력의 절반을 이끌고 워싱턴까지 진격했고, 매디슨 대통령과 정부 인사들은 급히 버지니아 주로 피했다. 24일에 영국군이 워싱턴을 점령하고 토론토 시의회 건물에 불을 지른 보복으로 백악관과 의회 건물 등을 부수고 불태웠다. 이 위기의 순간에 미 해군이 나라의 운명을 구했다. 9월 11일, 14척의 미국 군함과 2배가 넘는 영국 군함이 부딪쳤고, 미군이 영국군을 캐나다까지 쫓아낸 것이다.

9월 12~14일까지 영국군은 볼티모어를 공격했다. 미군은 총알이 빗발치는 상황에서도 용감하게 맞서 싸웠다. 이때 프랜시스 스콧 키가 영국군에 잡혀서 맥헨리 요새 격전장을 목격했다. 포탄 연기가 자욱한 요새 상공에서 휘날리는 성조기를 바라본 그는 갑자기 뜨거운 피가 가슴속에서 솟구치는 것을 느꼈다. 심장이 뛰기 시작한 키는 '성조기여 영원하라'는 곡을

써 내려갔다.

"우리는 승리할 것이다. 정의는 우리 편에 있다. …… 성조기는 영원히 나부끼리, 이 자유의 국가, 용사들의 고향에서." 이 곡을 듣고 힘을 얻은 군인들은 맹렬하게 영국군을 공격해 사령관을 제거하는 쾌거를 이루었다. 이 곡은 미국 각지로 퍼졌고, 이후 미국의 국가가 되었다.

앤 드 루   잭 슨 과   뉴 올 리 언 스   전 투

전쟁터에서 연이어 패배한 미군은 어쩔 수 없이 화친을 청했다. 1814년 12월 체결한 '겐트 조약'에 따라 영국은 미국의 독립을 인정하고 미국은 캐나다 영토를 포기하기로 합의했다. 하지만 제2차 미영전쟁은 결국 미국의 승리로 끝났다. 재미있는 사실은 당시 소식을 전하는 속도가 느려서 미영 양국이 유럽에서 겐트 조약에 서명했을 때 아메리카에서는 전쟁이 한창이었다. 이 전투가 바로 뉴올리언스 전투다.

1814년 12월, 당시 양측은 벨기에에서 협상을 벌이고 있었다. 하지만 영국은 전함 50여 척과 군인 7,500명을 보내 미국 남부의 전략적 요충지 뉴올리언스를 빼앗아 협상 카드로 사용하려고 했다. 뉴올리언스를 두고 4차례나 대규모 전투가 벌어졌고 양측 모두 막대한 피해를 입었다. 이때 미군의 명장 앤드루 잭슨이 큰 공적을 세워서 훗날 대통령으로 당선되었다. 잭슨은 대부분이 민병인 6,000명의 군인을 이끌고 면 주머니에 모래를 넣어 보루를 높이 쌓고, 미국 최초의 흑인 부대를 조직해 영국군의 공격을 막았다. 잭슨은 수개월간 대치하면서 여러 차례 영국군을 물리쳤다. 한번은 영국군이 몰래 미국 진지를 공격한 적이 있는데 이때 잭슨은 크게 외쳤다.

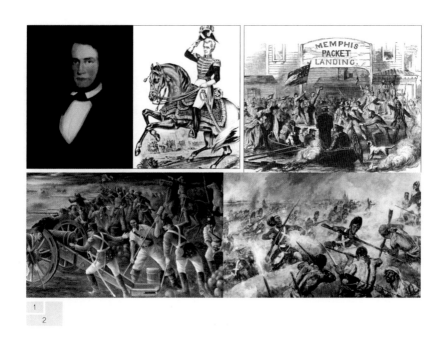

1 유명한 군사 전문가 앤드루 잭슨. 뉴올리언스 전투에서 대승을 거두어
   미국 국민의 영웅으로 떠올라 훗날 대통령에 당선되었다.
2 제2차 미영전쟁 말미를 장식한 뉴올리언스 전투의 치열했던 모습이다.
   뉴올리언스 전투에서 가장 자랑스러운 순간으로 기록되어 전해진다.

215

"영국군이 우리 땅에서 밤을 넘기도록 해서는 안 된다!" 그는 직접 군인들을 이끌고 육박전을 치르면서 영국군을 퇴각시켰다.

1815년 1월 8일, 4차 뉴올리언스 전투에서 잭슨 부대와 영국군이 격전을 벌였다. 안개가 짙게 깔린 가운데 5,000여 명의 영국 병사들이 나팔을 울리면서 돌격했다. 이 장면을 본 잭슨은 "뉴올리언스를 굳건히 지키자!"라고 외쳤다. 그는 영국군이 가까이 올 때까지 기다렸다가 불을 붙이라고 명령했다. 미군은 보루 뒤에 숨어 있다가 맹렬히 공격했고 들판에는 영국군의 시체가 즐비했다. 영국군 지휘관들은 중상을 입었고 사령관은 목숨을 잃었다.

이 전투에서 사상을 당했거나 포로가 된 영국군은 2,600명에 달했지만 미군 사상자는 70명에 불과했다. 이때부터 잭슨은 미국 국민들의 영웅으로 떠올랐다. 1815년 1월 8일, 영국군의 참패로 뉴올리언스 전투는 막을 내렸다. 하지만 이 전투는 미영 양국이 1814년 12월 24일에 벨기에에서 이미 겐트 조약을 체결했기 때문에 전체 판도에는 영향을 미치지 못했다.

뉴올리언스 시내에는 잭슨이 전쟁터에서 활약하던 모습을 재현한 조각상이 있다. 잭슨은 미국 7대 대통령이자 군사 전문가이며 민주당원이고, 미국에서 처음으로 대중의 지지를 얻으며 대통령에 당선되었다. 그는 사우스캐롤라이나 주에서 태어났으며 1787년 변호사 자격증을 따고 1796년 테네시 주 연방 의원으로 당선되었다. 1802년 테네시 주 민병 소령에 임명되었고, 1813~1814년 군대 지휘관을 지내며 크리크 인디언을 정복해 서부 지역의 영웅이 되었다. 1815년 1월 8일에는 뉴올리언스 전투에서 결정적으로 영국군을 물리치며 플로리다 주 주지사에 임명되었다. 결국 1822년 대통령 후보가 되었고 1828년 대통령으로 당선되었다. 임기 동안에 노예제를 옹호하고 관세를 낮추었으며 내각 역할 강화를 주장하고 민주개혁을 단행했다.

1835년 1월 30일, 잭슨이 한 의원의 장례식에 참석했을 때 놀라운 사건이 벌어졌다. 장례식 당일에 영국에서 온 실업자 리차드 로렌스가 총알을 장전한 권총을 가슴에 품고 잭슨 대통령을 주시하고 있었다. 대통령이 장례식장 안으로 들어가자 로렌스는 가까운 곳에서 총을 쏠 기회를 노렸다. 장례식이 끝나자 그는 대통령이 지나갈 두 기둥 사이에 섰다. 대통령이 지나가는 찰나 로렌스가 뛰어들며 총을 쐈지만 불발되었다. 주위에 있던 사람들은 깜짝 놀랐지만 67세의 잭슨은 전혀 동요하지 않고 로렌스에게 본능적으로 지팡이를 휘둘렀다. 이때 로렌스가 두 번째 총을 꺼내 쐈지만 이 역시 불발되었다. 이 사건으로 잭슨은 미국 역사상 처음으로 습격을 받은 대통령이 되었다. 더욱 놀라운 일은 총 두 자루가 연이어 불발될 확률은 1/125000밖에 되지 않는다는 사실이다.

음악을 좋아하는 사람이라면 누구나 재즈에 대해 알고 있을 것이다. 재즈
는 흑인 음악이며 독특한 형식으로 세계 각국의 사람들에게 사랑받고 있
다. 뉴올리언스는 매우 다양한 문화가 공존하는 도시다. 이런 특색을 바탕
으로 재즈가 탄생하게 되었다.

　다른 예술 형식의 탄생과 마찬가지로 재즈 역시 19세기에 수십 년 동안
숙성되고 성장하는 과정을 겪은 후 20세기에 들어서 세련된 음악 형식으로
발전해 서서히 유행하기 시작했다. 그리고 뉴올리언스를 중심으로 세계 각
지로 뻗어나가 미국 문화의 상징이 되었다.

　재즈는 19세기 말에서 20세기 초에 미국 남부 도시 뉴올리언스에서 탄
생했다. 19세기 초 프랑스의 통치를 받을 당시 느슨한 통제 덕분에 흑인들
이 미국 남부 대지주에게서 도망쳐 뉴올리언스에서 '자유 흑인'의 신분을
누렸다. 자유롭게 결혼할 수 있어서 아프리카 흑인과 프랑스인이 결혼하
는 일이 많았고, 이에 따라 혼혈 흑인인 크레올Creole이 등장했다.

19세기 말 뉴올리언스의 주민은 백인과 흑인 이외에도 크레올인이 다수를 차지했다. 남북전쟁 전에 크레올인은 백인과 동등한 지위를 누리며 클래식 음악 등의 수준 높은 교육을 받았다. 하지만 남북전쟁 이후에 새로운 인종분리법이 시행되면서 크레올인 역시 흑인과 똑같은 대우를 받게 되었다. 이때 흑인의 아프리카 음악과 크레올인의 클래식 음악 교육이 서로 결합하면서 재즈가 탄생하게 되었다.

뉴올리언스가 흑인에게 관대했던 것은 틀림없는 사실이다. 다른 도시에서 흑인을 차별하고 흑인 음악의 발전을 제약할 때 뉴올리언스는 흑인들이 길거리에서 노래를 부르며 돈을 버는 행위도 허가했다.

뉴올리언스는 미국에서 관악기를 제작하는 도시로 유명해서 관악기가 매우 쌌다. 그래서 흑인들이 쉽게 중고 악기를 살 수 있었고, 이 덕분에 소규모의 관악대를 길거리 어디에서나 볼 수 있게 되었다. 재즈는 뉴올리언스의 이런 토양 덕분에 빠르게 발전할 수 있었다.

20세기 초 다양한 음악들이 뉴올리언스를 중심으로 1차 융합 과정을 겪었다. 뉴올리언스는 역사적으로 여러 나라의 통치를 받았기 때문에 다양한 음악들이 독립적으로 존재하고 있었다. 그러다가 서서히 융합하기 시작했는데 이때 뉴올리언스 흑인 음악이 매우 중요한 역할을 담당했다. 흑인 노예들이 종교의식에서 부르던 숭배와 경외의 노래가 훗날에 재즈의 기원이 되었다.

19세기 말부터 재즈는 미국 전통음악을 기반으로 브루스, 래그타임 등이 혼합된 음악으로 변모하기 시작했다. 아메리카 흑인 음악은 리듬적인 특색이 매우 분명하고 집단 즉흥 창작이라는 특징을 가지고 있다. 기존의 음악과 새로운 지역의 음악(거의 육성 노래)이 결합하면서 탄생한 재즈는 육

다양한 문화가 모이는 도시, 뉴올리언스에서 재즈가 탄생했다.
흑인의 아프리카 음악과 크레올인의 클래식 음악 교육이 서로 결합하면서
재즈 음악 탄생에 큰 역할을 했다.

성에 그치지 않고 참신한 음악 표현 형식까지 창조해냈다.

1895년부터 1917년까지 뉴올리언스 재즈는 다른 지역보다 종류가 많았고 수준 높은 음악을 선보였다. 당시 뉴올리언스의 사교 클럽 등 여러 모임에서는 악단을 고용하는 일이 일반적이었다. 실내나 실외 무도회, 야외 파티, 상점 개업식, 생일이나 기념 파티 등 어느 곳에서나 재즈 음악이 울려 퍼졌다.

한편 악단은 전통적으로 교회 입구에 모여 장엄한 행진곡이나 성가를 연주하다가 장례 대오를 따라 무덤까지 전진했다. 돌아오는 길에 사람들의 걸음이 빨라지면 가벼운 행진곡을 장송곡 대신 연주했다.

음악대의 행진은 재즈 발전에 기여한 바가 크다. 트럼펫이나 클라리넷 연주자들이 즉흥적으로 음악을 연주하면 박수 치는 사람들이 풍부한 리듬의 박자를 가미했다. 일반적으로 재즈는 모두 두 박자로 매 소절마다 두 박자나 네 박자로 구성된다. 이런 두 박자 리듬은 저음부에 늘 깔려 있어 재

재즈는 독특한 매력 덕분에 전 세계를 풍미했을 뿐만 아니라 미국 본토에서 탄생한 가장 영향력 있는 예술 유형으로 자리 잡았다.

즈에 안정적이고 규칙적인 리듬을 더한다. 리듬성이 강한 중음 위치에는 불규칙적인 선율과 화음, 대립 성부 등이 자리 잡고 있다. 이런 분절음 효과와 규칙적인 저음부는 서로 강렬한 대비를 이룬다.

　미국적 특색이 강한 재즈는 100년도 지나지 않아 대중을 기반으로 서서히 발전했고 미국 본토에서 탄생한 가장 영향력 있는 예술 유형으로 자리 잡았다. 지금은 세계 거의 모든 곳에서 재즈를 감상할 수 있다.

루이지애나에는 세계를 뒤흔들었던 사건, 미시시피 버블이 있다. 프랑스에서 시작된 이 사건은 루이지애나에도 큰 영향을 미쳐서 미시시피 강의 아름다운 풍경과 대조를 이룬다.

　프랑스는 18세기 초 루이 14세의 계속된 전쟁으로 경제 침체와 디플레이션이라는 큰 위기가 닥쳤다. 당시 프랑스의 세수 정책은 왕실 귀족의 세금 면제와 더불어 지방 곳곳의 허점 등으로 완벽하지 않았다. 프랑스 정부는 세금을 계속 올리면서 국민들을 착취했지만 국가 재정은 나아지지 않았고, 국가 전체가 심각한 위기에 처하게 되었다.

　1715년 루이 14세가 세상을 떠나고, 오를레앙 공작의 섭정이 시작되었다. 이때 프랑스 재정은 붕괴 직전에 달했다. 국왕뿐만 아니라 관리들의 부정부패와 타락으로 경제 질서는 혼란스러웠다. 대외 부채는 30억 리브르에 달했지만 세수는 1만 4,500만 리브르로 턱없이 부족했다. 이런 상황을 타개하기 위해 오를레앙은 화폐 주조를 명하게 되고 화폐 가치가 1/5로 평가 절하되었다. 1000개의 금화 혹은 은화를 들고 화폐 공장에 간 사람은 액면 가격과 같은 새 화폐를 받아갔지만 금속의 무게는 원래의 4/5밖에 되지 않았다. 이 정책 덕분에 국고에 7,200만 리브르가 쌓였지만 상업은 혼란이 가속되었다.

이렇게 중요한 시기에 화폐 이론의 괴짜라고 불리는 존 로(1671~1729)가 등장했다. 존 로는 1671년 영국의 에든버러에서 태어났다. 아버지는 열네 살 때 그를 회계 사무실에 보냈는데, 이때 숫자에 큰 관심을 보이며 계산에 비상한 재능을 선보였다. 1688년 아버지가 세상을 떠나자 그는 싫어하던 일을 그만두고 물려받은 유산으로 세계 각지를 돌아다녔다. 그러나 1694년에 존 로는 결투 중에 사람을 죽이면서 도망 길에 올랐다. 14년간 런던, 네덜란드, 독일, 헝가리, 이탈리아, 프랑스 등을 돌아다녔는데, 이때 그는 도박으로 큰돈을 벌었다. 존 로는 이미 유럽 각국의 도박장에서는 유명 인사였다.

이렇게 존 로는 유럽에서 시간을 보내면서 각국의 은행, 금융, 보험업을 면밀히 관찰했고 그만의 금융 이론을 만들게 되었다. 18세기의 경제학자들처럼 그 역시 일자리가 부족한 상황에서는 화폐 공급을 늘려야 물가를 안정시키면서 일자리를 늘리고 생산을 확대할 수 있다고 여겼다. 또한 일단 생산이 확대되면 화폐에 대한 수요 역시 높아진다고 생각했다. 그는 종이 화폐 본위제도가 귀금속 본위제도보다 낫고 유연성이 크기 때문에 화폐 발행 은행이 여유롭게 통화를 운용하고 거시 경제를 조절할 수 있다고 여겼다.

귀금속 본위제도는 공급량을 짧은 시간에 늘리기가 어렵지만 종이 화폐 본위제도는 금, 은과 같은 제약이 없고, 금융 당국이 원하는 만큼 화폐를 발행할 수 있다. 하지만 종이 화폐 본위제도는 금융통화정책의 영향력을 강화시키는 한편 인플레이션을 초래하는 특징을 가지고 있다. 존 로는 화폐 발행권을 가진 은행이 신용대출과 충분한 통화량을 제공하면 경제 발전을 보장할 수 있다고 주장했다. 그가 말한 화폐 공급은 정부 법정 화폐, 은행 발행 화폐, 주식, 각종 유가 증권까지 포함한 것이다. 경제학자 슘페터는 공급학파와 화폐학파의 기본 관점이 섞여 있는 존 로의 이론을 화폐 이론들 중에서 으뜸이라고 말했다.

1715년 프랑스 국왕 루이 15세의 섭정이었던 오를레앙은 프랑스 재정 문제로 골머리를 앓고 있었다. 이런 상황에서 존 로의 이론이 등장하자 오를레앙은 화폐를 충분히 공급할 수 있는 은행을 설립하면 곤경에서 벗어나고 국채 자금 유통 문제도 벗어날 수 있을 것이라고 여겼다. 1716년에 존 로가 프랑스 정부의 특별 허가를 받아 프랑스에 개인은행을 설립했다. 이 은행은 화폐 발행 권한을 부여받았고, 이 화폐로 금속 화폐를 바꾸거나 세금을 납부할 수 있었다. 존 로의 은행 경영은 성공적이었다.

1717년 8월에 존 로는 루이지애나 무역 특별허가권과 캐나다 가죽 무역 독점권을 얻었다. 루이지애나가 미시시피 강변에 위치해 있었기 때문에 존 로의 손에서 빚어진 버블 경제를 미시시피 버블이라고 불렀다. 이후 존 로는 서방 회사를 설립했고, 1718년에는 담배전매권을 따냈다. 1718년 11

슘페터(1883~1950년) 오스트리아 출신의 미국 경제학자. 당대 자산계급 경제학파의 대표적인 인물. 1913~1914년 미국 컬럼비아 대학의 초빙교수를 지냈고, 1919년에 잠시 오스트리아 재무장관을 지냈다. 1932년 미국으로 건너가 하버드 대학 경제학 교수로 임용되었으며 주요 저서로 「경제발전의 이론」, 「경기순환론 : 자본주의 동향에 관한 이론적, 역사적, 통계적 분석」, 「자본주의, 사회주의, 민주주의」, 「경제분석의 역사」 등이 있다.

월, 그는 또다시 아프리카 무역을 담당하는 세네갈 회사를 설립했다. 1719년에는 동인도 회사와 중국 회사를 인수 합병하여 인도 회사라고 명칭을 바꾼 후 대유럽 무역을 제외한 프랑스의 모든 무역을 독점했다. 이러한 독점식 해외 무역으로 그의 회사는 막대한 부를 축적할 수 있었다.

1718년 12월 4일, 존 로의 은행이 국유화되면서 황실은행으로 이름을 바꾸고 존 로는 은행장을 맡았다. 황실은행은 1719년부터 리브르를 단위로 한 화폐를 발행하기 시작했다. 무역과 금융 분야에 동시 진출한 존 로는 연이어 거둔 성공으로 큰 명성을 얻기 시작했다. 드디어 화폐 발행을 통해 경제를 되살리고 무거운 채무를 해소하려고 한 존 로의 금융 이론을 실행할 순간이 다가왔다.

1719년 7월 25일, 존 로가 프랑스 정부에 5,000만 리브르를 지불하고 황실 조폐창의 하청권을 따냈다. 신 화폐를 주조하기 위해 인도 회사는 주식 5만 주를 발행했는데, 한 주당 가치는 1,000리브르에 달했다. 존 로의 주식은 시장에서 폭발적인 인기를 끌었으며 1,800리브르까지 가파르게 상승했다.

존 로는 1719년 8월에 농지간접세 징수권을 획득하게 되었다. 그는 프랑스 세수 제도의 심각한 병폐로 말미암아 징수비용은 높고 허점이 많아서 정부 재정 수입에 직접적인 영향을 미친다고 생각했다. 그래서 존 로는 정부를 대신해서 농지간접세를 징수하는 전면 도급제를 시행하는 대신에 매년 정부에 5,300만 리브르를 지불하겠다고 제안했다. 하지만 초과되는 조세 소득은 인도 회사의 소유가 되는 조건이었다. 존 로가 제안한 금액은 프랑스 정부가 거둬들이는 세금보다 훨씬 컸기 때문에 오를레앙 공작이 거부할 이유는 없었다.

1 18세기 초 프랑스 국왕 루이 15세의 섭정이던 오를레앙.
   그는 난국을 타개하기 위해 존 로를 금융 책임자로 임명했다.
2 미시시피 버블과 뒤이은 프랑스 경제 대붕괴의 주인공 존 로.
   미시시피의 이름에 먹칠을 한 장본인으로
   파란만장한 삶을 산 희대의 사기꾼으로 묘사되기도 한다.

존 로의 주도로 인도 회사는 징수 조직의 몸집을 줄이고 징수비용을 낮췄다. 그리고 세수 기반을 확대하기 위해 황실 귀족의 세금 면제 대우를 철폐했지만 이 조치는 많은 귀족들의 불만을 샀다. 인도 회사는 프랑스에서 크게 발전했고 주가도 연이어 가파르게 상승했다. 1719년 10월 존 로의 인도 회사가 프랑스의 직접세 징수 업무까지 담당하게 되자 주가는 3,000리브르를 넘어섰다.

1719년 존 로는 인도 회사의 주식 발행을 통해 국채 15억 리브르를 상환하기로 결정했다. 이를 위해 인도 회사는 3번 연속 대규모로 주식을 발행했다. 1719년 9월 12일 10만 주를 발행했고 한 주당 가치는 5,000리브르에 달했다. 주식이 상장되자 순식간에 매도되었고 주가는 수직 상승했다. 9월 28일에 다시 10만 주를 발행했으며 역시 한 주당 가치는 5,000리브르였다. 10월 2일에도 10만 주를 재발행했지만 주가는 끊임없이 상승했다. 인도 회사의 주식 액면가는 1719년 4월에 500리브르였지만, 6개월 만에 18,000리브르까지 치솟았다.

1720년 초에 존 로는 인생의 최절정기를 맞았다. 1720년 1월에 프랑스 재정총감에 임명되어 한 손에는 정부 재정 관리권과 황실은행의 화폐 발행권을 쥐고, 다른 손에는 프랑스 해외 무역과 식민지 발전 관리권을 쥐고 있었다. 그와 인도 회사는 프랑스를 대신해 조세를 관리하면서 대량의 국채를 발행했고 이후에는 인도 회사가 아예 황실은행의 경영권을 이어받았다. 존 로처럼 자신의 이론을 실행할 수 있는 좋은 기회를 잡은 경제학자는 어디에도 없었다.

인도 회사가 발행하는 주식이 하늘 높은 줄 모르고 치솟자 유럽 각국의 자금이 대량으로 프랑스에 유입되었다. 존 로는 인도 회사의 주식 시세를 높이기 위해서 주식 배당금은 회사 실제 전망과 무관하다고 선언했다. 그의 발언으로 민간에서 투기 열풍이 불기 시작했다. 전에 없는 투기 열풍은 필연적으로 화폐 수요를 극대화시켰다. 인도 회사가 주식을 발행하면 황실은행이 따라서 화폐를 발행했기 때문에 주식을 발행할 때마다 화폐가 늘어났다.

존 로는 은행 화폐가 늘어나면 주식으로 바뀌고 국채를 상쇄할 것이라고 믿어 의심하지 않았다. 1719년 7월 25일에 황실은행이 2억 4천만 리브르의 화폐를 발행해 인도 회사가 이전에 발행한 1억 5,900만 리브르의 주식 값을 지불했다. 1719년 9월~10월, 황실은행은 2억 4천만 리브르의 화폐를 발행했다.

하지만 대량의 화폐가 발행되자 아주 짧은 정체기를 거친 뒤 인플레이션이 프랑스를 강타했다. 1719년 프랑스의 인플레이션율은 4퍼센트였지만 1720년 1월 23퍼센트로 상승했다. 1720년 이전에는 일부 경제학자들의 우려가 귓등을 간질이는 정도에 그쳤다면 인플레이션은 국민들에게 직접적으로 경종을 울리는 것이었다. 국민의 신뢰가 흔들리자 1720년 1월 인도 회사의 주가가 폭락하기 시작했다.

존 로는 인도 회사의 주가를 유지하기 위해 자신이 장악한 재정 권한을 동원했다. 그는 주가를 강제적으로 9,000리브르 선에 고정시키고 2개월을 유지했다. 존 로의 정책은 주식을 화폐화하고, 순식간에 인플레이션을 초래하고 말았다. 1720년 3월 25일 화폐 발행액은 3억 리브르, 4월 5일에는 3억 9천만 리브르, 5월 1일에는 4억 3,800만 리브르까지 확대되었다. 1개월간 화폐 유통량이 2배로 증가한 것이다.

1720년 5월이 되자 존 로는 상황을 유지하기가 힘들어졌다. 그래서 일곱 단계로 나누어 9,000리브르에 고정시켰던 주가를 5,000리브르까지 내렸고, 화폐의 액면가격도 낮추기 위해 주식 평가 절하령을 발표했다. 존 로의 발표는 곧바로 국민들의 공포심을 자극했다. 국민들은 자신들의 재산을 지키기 위해 주식을 싼 값에 매도해버렸다. 주가는 1720년 9월에 2,000리브르까지 떨어졌고, 12월 2일에는 1,000리브르까지 떨어졌으며, 1721년 9월에는 1719년 5월 수준인 500리브르가 되었다.

존 로는 모든 해법을 동원해서 국민들의 신뢰를 회복하려고 애썼지만 그의 목소리는 민중의 분노에 파묻혔다. 주식시장이 붕괴하면서 가산을 탕진한 프랑스 국민들은 존 로를 희대의 사기꾼이라고 몰아세웠다. 이때 프랑스에는 이런 풍자시가 유행했다.

월요일, 주식을 사러가네.

화요일, 몇 백만 리브르를 벌었네.

수요일, 가구를 샀네.

목요일, 옷을 샀네.

금요일, 덩실덩실 춤을 추네.

토요일, 거지 수용소에 들어갔네.

1720년에 존 로는 사람들의 뭇매를 맞았다. 대중의 분노가 폭발하자 그는 경호 없이는 절대로 밖으로 나가지 않았으며 섭정왕의 황궁에 숨어 지냈다. 존 로에 대한 사람들의 증오는 어느 정도였을까? 한 사건을 통해 그가 사람들의 손에 방치되면 어떤 일이 벌어질지 미리 예측할 수 있다.

하루는 브루스라는 사람이 마차를 타고 거리를 지나가고 있을 때 임대 마차가 앞을 가로막았다. 브루스의 하인이 임대 마차의 마부에게 길을 비키라고 소리쳤지만 마부가 거부했다. 그러자 하인이 마부의 얼굴을 주먹으로 쳤다. 곧 사람들이 주위를 둘러싸며 모였다. 브루스가 사태를 해결하려고 마차 밖으로 나오자 마부가 브루스 역시 자신을 공격하는 줄 알고 큰 소리로 외쳤다. "살려주세요! 살려주세요! 사람 죽네! 사람 죽네! 저 사람이 나를 죽이려고 해요! 살려주세요! 살려주세요!"

이 외침을 듣고 사람들이 막대기와 돌 등을 들고 모였다. 사람들은 갖가지 물건을 들고 상상 속의 은행가에게 보복하듯 기세등등하게 브루스를 노렸다. 교회의 문이 열려 있는 것을 본 브루스와 하인은 재빨리 안으로 뛰어갔다. 교회 안으로 몸을 숨기지 않았다면 그들은 틀림없이 큰 부상을 입었을 것이다. 심각한 사태

임을 깨달은 목사가 타이른 끝에 폭도들이 교회를 떠났다. 대신 길가에 세워진 브루스의 마차를 부수며 분노를 발산했다.

사면초가에 빠진 존 로는 한밤중에 벨기에로 도망쳤다. 그는 5~6천 파운드의 값어치가 있는 다이아몬드 이외에 돈 한 푼 없이 프랑스를 떠났다. 이후 프랑스의 지불 방식은 금속 화폐를 기반으로 하는 이전 체제로 되돌아갔고 '은행'이라는 용어는 프랑스에서 한 세기 동안 저주의 말로 여겨졌다. 1729년 존 로는 베니스에서 비참하게 살다가 세상을 떠났다. 그의 묘비에는 이런 글이 새겨져 있다.

전 세계를 뒤흔들었던 미시시피 버블은
프랑스에서 시작되었지만 루이지애나에도 큰 영향을 미쳤다.
결국 존 로는 대중의 분노가 폭발하면서 사람들의 뭇매를 맞았다.
사진은 존 로의 루이지애나 캠프 전경이다.

여기 그 유명한 스코틀랜드인이 잠들다.

셈하는 능력에는 필적할 사람이 없었고,

단순한 대수 규칙으로

단숨에 프랑스를 무일푼으로 만들었다.

신세계의 강 미시시피

황금빛 물결이 탄생시킨 근대 미국 문명의 요람

초판 인쇄   2014년 7월 20일
초판 발행   2014년 7월 25일

엮은이   베이징대륙교문화미디어
옮긴이   박한나

발행인   권윤삼
발행처   도서출판 산수야

등록번호   제1-1515호
등록일자   1993년 4월 30일
주소   121-826 서울시 마포구 월드컵로 165-4
전화   02-332-9655
팩스   02-335-0674

ISBN 978-89-8097-211-1 04900
ISBN 978-89-8097-206-7 (전 5권)

이 도서의 국립중앙도서관 출판시도서목록(CIP)은 e-CIP 홈페이지
(http://www.nl.go.kr/cip.php)에서 이용하실 수 있습니다.
(CIP제어번호: CIP2011000496)